語り継ぐ経験の居場所

排除と構築のオラリティ

関礼子 編

新曜社

目次

装幀＝新曜社デザイン室

序　オラリティの居場所
――語り難い経験をめぐって

関　礼子

1　戸惑いのオラリティ

ウォルター・J・オングは、声によってつくられる文化はオラリティ、文字によってつくられる文化はリテラシーと対比的に定義したが（オング 1991：6）、両者は必ずしも対立するものではない。話し手と聞き手が相互作用しながら生み出される「聞き書き」や「オラル・ヒストリー」は、物語られる出来事を文字に写し取ってきた。オラリティがリテラシーに転化するとき、話し手の生活世界の現実――地理や風土、慣習や習俗への理解、経験をめぐる了解の仕方などは、聞き手が共有しうる文脈に翻訳されて提示される。出来事の体験や記憶は、他者が物語りうるようにして共有されていく。

しかし、ある時代に記録された経験が、次の時代に同じように共有されるわけではない。物語

(narrative) のディテールが簡略化され、類型化され、ひとつの型に収斂すると、それが「正解」であるかのように反復され、コピーされ、出来事の多面性や固有性が置き去りにされることもある。個人的な経験でありながら、社会的な、パブリックな記憶になった出来事は、特にそうした傾向を免れ得ない。

私たちは戦争体験や公害経験についての記録を読んで、聞いて、見て、知っている。にもかかわらず、当事者にとって、こうした経験はいまだに語り難い経験になっていることが少なくない。リテラシーの沃野にはまだまだ開示されていないオラリティが潜んでいる。

だが、聞き書かれた物語が、その時代の文脈のなかでシンボリックな型を持つと、その物語は定型的な語り(マスター・ナラティブ master narrative)として社会的な力を獲得する。個人的な記憶(プライベート・メモリー private memory)は、類似した出来事を体験した集団の共通の記憶(コモン・メモリー common memory)となり、さらには公共の記憶(パブリック・メモリー public memory)として立ち現れる。それと同時に、定型的な語りの構築と公共の記憶の創出は、複数形の声と物語を潜在化させることにも一役買う。

苦痛を呼び起こし、新たな苦痛を招き寄せるような経験は、記憶が想起を必要とするがゆえに記憶を拒む。うつろい、ゆれうごき、泡沫のように消えていく幾多の声がインフォーマルな場で語られたとしても、沈黙に抗って異議申し立てをする声として醸成されるには、断崖のように見える階段を上らねばならない。一握りの人がその階段を這い上がり、語り難い経験をフォーマルに語る。そこで聞き取られた声が文字化されることで、個人的な経験の意味が共有されて当事者集団に共通する記憶となり、社会にとって有意味な公共の記憶になっていく。その過程には、往々にして、当事者運動や社会運動が介在する。公共の記憶は、「交渉や闘争、排除やあからさまな暴力行使といった過程を通じて」（フジタニ 1998：3）、「運動のオラリティ」として構築されるのである。

ただし、「運動のオラリティ」はその時代、その社会の文脈から自由ではない。ある時代、ある社会に拘束された「運動のオラリティ」は、次の時代、次の社会のオラリティを不自由にする。のみならず、硬直化した「運動のオラリティ」は、当事者である人々の沈黙を促し、排除し、ともすれば対立の火種となりかねない。筆者自身、水俣病がもたらした地域の対立を解消するための「もやい直し」が進む水俣市で、新たに被害の声をあげはじめた人々に、「水俣病の問題解決に取り組んでいたなか、なぜ黙っていたのか。知らなかったとは言わせない」という厳しい声が発せられた場に出くわしたことがある。声を発したのは、もやい直しを推進してきた人であった。酒宴でのボヤキであるとはいえ、困惑したことを鮮明に覚えている。

出来事をめぐるオラリティは、取捨選択されて、「獲得目標へと向かうことを妨げるものとして無視されたり、適当な位置を与えられないまま宙づりの状態に置かれ」たりする（1章）。終わりが見えない運動を担い続け、語り続ける少数者の「負担」が見過ごされることもある（2章）。過去に「解決ずみ」とされた問題に至っては、もはや語りがたい「空気」が充満していることさえある（3章）。こうした状況に直面したとき、「運動のオラリティ」は再構築を迫られることになる。

「運動のオラリティ」が再構築されうるのに対して、語り部の語りが可変的でありうることは想定されていないかもしれない。

2　制度化された語り部と三人称の聞き手

語り部とは、「語らい部」ともいい、古代、口承で史事を語り伝えることを職とした品部のことを指す。昔から語り継がれてきた民話や歴史を、口承で、いまに語り伝える人のことである。転じて、社会的な出来事を見聞きした人、当事者となってしまった人が、自らの経験や想いを伝える場合に、その人を語り部と呼ぶようになった。

ただし、今日、語り部という場合は、制度化された語り部を指すことが多い。制度化された語り部とは、資料館や博物館で語り部としての属性を持ち、あるいは社会のなかで既に承認された体験と価値を語ることが予期される、定式化された存在である。

戦争や公害、災害といった「負の記憶」を展示する祈念館や資料館では、修学旅行や体験学習で訪れた児童・生徒に、二度とあってはならない体験を語り聞かせるプログラムが用意されていることがある。語り部が学校に出張授業することもある。神妙なおももちで体験者の話に耳を傾け、体験者の固有の生にリアルに触れながら出来事の教訓を学び取る児童・生徒の姿に、「未来への倫理」を託すのである。

こうしたプログラムは、体験した者と体験していない者という区分を前提にしており、語り部と聞き手の関係は固定されている。そのなかで聞き手は、社会的に構築され、共有され、制度化された体験と、体験を保存する価値を再確認する。「負の記憶」は、プライベート・メモリーであると同時に、パブリック・メモリーである。両者がリンクすることで、体験者には語る者という一人称の役割が固定され、聞き手は「負の記憶」の外側で三人称のままでいることが可能になる。

語り部が語る記憶に共鳴し、その記憶の意味を考え続け、記憶が示す問いの現場に留まる人がでてくることを期待しないでもない。たとえば、ある公害病の語り部は、「1000人やってきて1人残ってくれればいい」、「誰かが関心を持ち続け、またここに来て話を聞いてくれればいい」という。残念ながら、語り部の話が一過性のものとして消費されるような現状が存在していることも否めない。

他方で、語り部と聞き手の間には、記憶と語りをめぐる「解釈と倫理」の問題が立ちはだかる。「ホロコーストや水俣病のようにいかなる意味においても不当としかいいようがない被害者がいる場合」には、「これらの歴史的体験に関するある特定の解釈を行うことは、被害者の感情を不必要に逆なでしてしまう可能性がある」のだ（荻野 2002：31）。

では、私たちは語られる記憶をどのように扱うことができるのか。「戦争や核体験、公害のような負の体験は、社会的な体験であり、それは別のかたちで反復される可能性がある」（同上：32）としたら、二度と繰り返してはならない出来事が、別の相貌で繰り返されるかもしれないという想像力を働かせるべきか。だまって傾聴する態度を身につけていくべきか。それとも語りを阻むものが何であるかを見極めるべきか。

3　語り手と聞き手の共依存関係

資料館を訪れて語り部の話を聞くということが当たり前になったのは、さほど古い話ではない。戦争や公害など、「負の記憶」を保存する資料館の整備・開館が相次ぐのは１９８０年代末以降である（資料）。こうした資料館に展示されるモノやコトは、ある文脈に沿って記憶すべきことを取捨選択して、二度と繰り返してはならないという倫理的態度や、過去を教訓として社会をつくっていく道筋を継承する態度を要請する。語り部が物語る体験は、この要請に明確な輪郭を与えてくれる。

同時に、聞き手もまた語り部に暗黙の要請をしている。原爆が投下される前日の長崎を舞台にした『明日』の著者でもある小説家・井上光晴は、生前、語り部が語る被爆体験があまりに上手で、洗練されていることに疑問があると語っていた。語り手の話し方だけでなく、聞き手の反応をみながら体験が脚色されて、フィクション化しているというのである。

> 話し方にもよるでしょうけど、話の途中で、あんまり受けないところも出てくるんですよ。そうすると脚色が生まれるわけでね。次にはさ、初めは電車にいた時から始まるのに、自分はその時にこういう事情で電車に乗っていた、というところから話し始めるわけですよ。語り部自身がフィクション化してしまうわけね。（原 1994：74）

資料　主な戦争・公害関連資料館の開館年

開館（年）	戦争関連資料館名	公害関係資料館名
1955	広島平和記念資料館	
1975	沖縄県平和祈念資料館	
1976	第５福竜丸展示館	清流会館（イタイイタイ病）
1987	知覧特攻平和会館	
1988	大久野島毒ガス資料館 舞鶴引揚記念館	水俣病センター相思社水俣病歴史考証館（水俣病）
1989	ひめゆり平和祈念資料館	
1991	北海道ノーモア・ヒバクシャ会館 大阪国際平和センター（ピースおおさか）	
1992	吹田市立平和祈念資料室	
1993	埼玉県平和資料館（埼玉ピースミュージアム）	水俣市立水俣病資料館（水俣病）
1994	堺市立平和と人権資料館（フェニックス・ミュージアム）	
1996	姫路市平和資料館	
1996	嘉麻市碓井平和祈念館	
1996	長崎原爆資料館	
1999	昭和館	
2000	アウシュビッツ平和博物館 沖縄県平和祈念資料館	
2001		新潟県立環境と人間のふれあい館―新潟水俣病資料館―（新潟水俣病）
2002	東京大空襲・戦災資料センター	北九州市環境ミュージアム（大気汚染）
2003	長岡戦災資料館	
2004	三重平和祈念館 対馬丸記念館	

資料つづき

開館（年）	戦争関連資料館名	公害関係資料館名
2005	女たちの戦争と平和資料館	
2006	しょうけい館（戦傷病者史料館）	あおぞら財団付属西淀川・公害と環境資料館エコミューズ（大気汚染）
2007	戦争と平和の資料館（ピースあいち）	
2010	明治大学平和教育登戸研究所資料館 花岡平和記念館	
2012	滋賀県平和祈念館	富山県立イタイイタイ病資料館（イタイイタイ病）
2013	満蒙開拓平和記念館 宇佐市平和資料館	
2015		四日市公害と環境未来館（四日市ぜんそく）

このような井上の解釈は、語り部や被害者の感情を逆なでするかもしれない。だが、井上が示唆するのは、自らの体験を自らが語るという行為も決して一方的なものではなく、聞き手の態度や反応との相互行為のなかで方向付けられていくということである。フィクションとは「現実よりも激しい物語」（同上：142）だからである。

継承の力学は、誰も否定しえない経験とその普遍的な価値を、聞き手に刺さるように伝えていくということ自体に作用する。フィクション化は、語り部と聞き手との間の一種の共依存関係である。聞き手が暗黙裡に前提としている社会的な認知枠組みが要請し、語り部がその要請に応えることで、パブリック・メモリーはよりわかりやすいかたちで洗練されていく。つまり、語り部が指し示す語りや語られる記憶も、聞き手との関係で変化する。

だが、語り部の語りが変化したり、齟齬をきたしたりすることは、必ずしも好ましいと思われていない。真実の語りは不変であり、変化するのは偽りの事実だと見做されるからである。そのため、語り部の体験の真正性を重視して、語りに〝鍵〟をかけようという力学も働く。出来事をめぐる経験は、相互作用によって絶えず文脈づけられ、新たな記憶がよみがえったり、周囲の状況を知って自らの解釈が変わることもあるのだが（関 2016）、制度化された語り部の語りは移ろうものではなく、制度的に語ることが承認された空間で語るべくして語られる、本物の、不変かつリアルな事実であらねばならないからである。

この正当性と真正性は、語り継ぐ「役割」を語り手に固定し、あたかもそれが「職業」であるかのように聞き手を錯覚させてきた。語り部の話に共感し、共鳴し、感動したあとに、しばしば聞き手が発する「これからも語り続けてください」という儀礼的な言葉は、発せられた瞬間に、〈今、ここ〉を遮断する。聞き手は、その瞬間に、「その語りはあなたのものであって、わたしのものではない」と境界線を引いたことに無自覚になりがちだ。「分からないことを了解し合いながら、共に在って、考えていくこと」を意識する意味がそこにある（４章）。

4 語り難い記憶を思いやる術

「負の記憶」は語り難く、語り部となるのはごく一握りの人である。少数の語り部の背後には沈黙し続ける多くの体験者がいる。沈黙し続けていた体験者がようやく重い口を開いたときに、聞き手である私達は再び体験を語る存在自体の苦痛に出会う。語ることの制度的了解を得られていないような場合、自らが抱える問題を訴えていかなくてはならない被害者運動の当事者である場合には、その苦痛の背後には社会的な被害の認知形態が潜んでいることもある。

新潟水俣病の患者会をサポートし続けてきた旗野秀人は、被害者が冷静では語れない、ましてやフィクションとして昇華しえない記憶を語ることを求めてしまうことを批判し、表に現れない被害や苦しみを思いやるすべを身につける必要があると述べている。

私の町の患者の方でですね、何度も何度も流産されて、「おめえさん、水俣病なら（実家に）帰ってもいい」って言われて、苦しんだ方がおられるんですね。表に現れる被害はあることはあるんですが、見た目にはそんなに劇症ではない方です。（略）

それでですね、裁判支援集会ででもですね、私のかかわっている安田の会のご婦人が、大勢の方の前で、「あの話をしてよ」と、主催者側の支援団体の人に言われてやるわけですよ。みんなの前で、震えながら、涙ながら。「水俣病なら出ていけ」「なかなか子どもが生まれない」。

この前、熊本の水俣病の患者の方の話も聞いたんですが、流産したり、胎児性の患者が生まれることによって、母親の母体のほうが丈夫になっていくんですね。あるいは、次から丈夫な子どもが出来てくるんですね。そういう犠牲があるんです。そういう犠牲の積み重ねで自分たちが生きていけるという話でした。

そういう話を、安田の会の方も集会でやるわけです。当然、みんな感動を持って聞くわけです。「ああ、そういうケースもあったのか」と。それで「また次の集会でもやってくれ」となる。その方が、「旗野さん、とってもつらい」と。「でも、みんなのためなら、私いわなきゃないんかね」と言うんですね。

私は「やる必要はない」と言いました。それはもう、一回で十分。そんな話なんて人前でやれるわけないし、運動のためとか、人のためにやる必要はない。一回でいいんだ。それを求める運動のほうがむしろ間違っている。患者は可哀想なんだ。被害者はこうあって欲しい、支援される人達はこうだと支援したくなるというかね、そういう関係性を求めちゃうんですよね。（旗野 1999：26）

語り難い体験の語りを要請された「彼女」は、聞き手の共感を得て、語ることの意義を実感し、話を聞いてもらうことが幸せだと語ってもいた。しかし、ときに語ることの辛さを正直に吐露しもした。矛盾するがどちらも「彼女」の正直な気持ちだったろう。被害や苦痛を思いやる術とは、苦痛に触れないこと、被害がなかったかのように振る舞わせることではない。なぜ語るのか、なぜ語り難いのか。

語りと沈黙の間で揺れるオラリティは何を意味するのか。ともに、そうした問いを抱き続けることである。

語り聞くオラリティの力と、文字化し読み解くリテラシーの力は、どちらも閉鎖系でなく開放系である。文字や映像に凍結された記憶とは異なり、語りや語られる記憶は〈今、ここ〉にある相互作用のなかで変化していく。だからこそ、オラリティの分析は、常なる解釈の修正、改定、刷新のプロセスを含んだ「対象への見取り図認識＝自己の認識枠組み理解」となるのである（5章）。

5 何のためのオラリティか

文字や映像は時間をとめることができるが、体験者の生をとめおくことはできない。戦争や公害経験といった「負の記憶」をめぐって、体験者の高齢化が問題になってきた。そこでは、たとえ体験者でなくとも語りを引き継ぐ存在が求められている（6章）。そこに語り継ぐ存在のオラリティがもつ「力」をみることができる。

では、語りを文字化し、あるいは映像化することで「負の記憶」が保存されるにもかかわらず、それだけでは語り継ぐに足りないとしたらなぜか。誰が、何のために、誰に向かって語るのか。

ひとつのヒントは、「負の記憶」が社会問題を背景に浮かび上がってきたという来歴にある。「力」の源泉は体験をコピーすることにあるのではない。「負の記憶」をもたらした出来事や、出来事の体験者から、「負の記憶」が「負」である理由を感受する主体性を獲得することである。そこに語り部の「力」が引き継がれ、宿っていく。被爆者の経験を受け止めて語り継ぐ人を取材したNHKドキュメンタリーを分析した好井裕明は、被爆者の生のリアルを感じ取り引き継ぐ力に注目した（好井2016）。第五福竜丸の乗組員だった大石又七の語り部活動を支えた市田真理（第五福竜丸展示館学芸員）は、自らを「語りつぎ部」と称してきた（いちだ 2011）。語り継ぐ存在が感受し、他者の生を我がこととして受け止めて物語る力は、従来の「語り」とは異なる記憶をパブリック・メモリーに書き加えることができる。忘れるな、記憶せよ。それは語ることで社会問題を構築し、被害を社会的に承認させ、倫理的な価値や理念を根づかせてきた生を引き継ぎつつ、新たな「負」の芽を摘み取っていく社会のための要請であろう。

他方で、記憶の保存が制度化されていくに従い、「記憶の政治化」とでもいうべき状況が生まれている。「負の記憶」から政治的な問題を排除することで「負の記憶」をコントロールしようという政治的力学である。

２００６年、「長崎平和推進協会」が語り部に「政治的問題」の発言を慎むようにという文書を配布して問題になった。政治的問題として挙げられたのは、①天皇の戦争責任、②憲法（９条等）改正、③イラクへの自衛隊派遣、④有事法制、⑤原子力発電、⑥歴史教育・靖国神社、⑦環境・人権など他領域の問題、⑧一般に不確定な内容の発言の８項目だった（朝日新聞２００６年８月９日）。被爆者や市民の反発で撤回されたが、語り部の語りを萎縮させるなど「後遺症」となって残った（朝日新聞２００６年12月28日）。

近年では、東日本大震災や福島原子力発電所事故を伝える「東日本大震災・原子力災害伝承館」が、語りと記憶、そして教訓化が制度化される時代の問題を提起した。語り部マニュアルに「特定の団体、個人または他施設への非難・誹謗中傷等」を含めないこととあったからだ。

研修会で「東電の責任をどう思うか質問されたらどうすればいいのか」との質問が出た際、伝承館の職員は「職員が代わりに答える」と回答を控えるよう求めたという。また口演内容は事前に原稿にまとめ、伝承館が確認、添削。特定の団体を批判した場合などには口演を中止して、語り部の登録から外すこともあるという趣旨の説明もあったという。マニュアルには、提出済みの原稿内容を修正する時のほか、報道関係者から取材要請があった時に伝承館側へ連絡や相談をすることも書かれている。（朝日新聞2020年9月23日）

このような状況もまた、語りを萎縮させるには十分な効果をもたらしただろう。語り聞くオラリティの力は、出来事がもたらした語り部の生き方と交差し、関係性を持つことに外ならない。ならば、政治的であると例示されがちな出来事には、どんな排除の力が働くのか。それは語り難い経験の「語り難さ」に関連するのだろうか。

語りは、その時、その場所で、語り手が発出でき、聞き手が受け入れられるかたちで紡がれる。オラル・ヒストリー、ライフ・ヒストリー、ライフ・ストーリー研究は、語り手と聞き手のラポールを前提に、「語り」が持つ力強い「生の世界」を描き出してきた。そこには、語ること、語られることが、語り手の固有の文脈や、語り手を取り巻く社会関係、聞き手との距離感などによって変化することが含意されてきた。

他方で、語り難い沈黙を破って生まれた「負の記憶」をめぐる語りは、権利や生活を守る社会運動の文脈で凝縮され、社会的な力を獲得してきた。個の経験や記憶が歴史の切片として語り継がれることを欲する社会は、博物館や資料館で、学校現場の平和教育や人権教育の場で、こうした語りに対し敬意を払って聞いてきた。だが、そこで示されてきた敬意は、いくぶん儀礼的であったかもしれない。語り手と聞き手の役割に互換性はなく、語り手は聞き手が期待するように語り、聞き手は予見可能な語りを期待される態度で聞くことが暗黙裡の前提であったからである。

戦争、公害や環境問題、災害経験やマイノリティの当事者性などにかかわる語りは、現在社会が描き得る未来への道標として記憶し、教訓化され、そのままに引き継がれるべきものと意味づけられてきた。

だが、語る主体の高齢化や世代交代は、無意識に前提にしてきた語りの真正性と不変性を揺さぶっている。「制度認識のバイアス」に無自覚であったり（5章）、これまでに語られ、記録されてきたにもかかわらず、取りこぼしていた「未開拓のオラリティ」があることに気づかずにいたかもしれない（7章）。

本書は、オラリティとリテラシーという構図自体が、手話や点字などを無自覚に排除する図式に絡めとられがちであることを自覚しながらも（8章）、定型化された語りから零れ落ちるもの、ノイズとして排除されること、語る主体への役割期待がもたらす当事者性の呪縛、語りを継承する困難、さらには語り手と聞き手の間にある「伝わらなさ」の現在を考えてみたい。

参考文献

いちだまり（2011）『ポケットのなかの平和――わたしの語りつぎ部宣言』平和文化
荻野昌弘（2002）「文化遺産への社会学的アプローチ」荻野昌弘編『文化遺産の社会学――ルーヴル美術館から原爆ドームまで』新曜社
オング、ウォルター・J／桜井直文・林正寛・糟谷啓介訳（1991）『声の文化と文字の文化』藤原書店
関礼子（2016）「戦争をめぐる社会学の可能性」好井裕明・関礼子編『戦争社会学――理論・大衆社会・表象文化』明石書店
旗野秀人（1999）「『阿賀に生きる』を生んだ人と文化」関礼子編『映画「阿賀に生きる」の人と舞台――特別講義（講義録）』
原一男（1994）『全身小説家――もうひとつの井上光晴像 製作ノート・採録シナリオ』キネマ旬報社
フジタニタカシ（1998）「公共の記憶をめぐる闘争」『思想』880 : 2-4.
好井裕明（2016）「被爆問題の新たな啓発の可能性をめぐって――ポスト戦後70年、『被爆の記憶』をいかに継承しうるのか」好井裕明・関礼子編『戦争社会学――理論・大衆社会・表象文化』明石書店

【闘うオラリティ】

1章　公害被害者の語りが生む連帯と分断——カネミ油症事件の事例から

松村正治

1　求められる被害者の語り

私たちが公害の発生を知るのは、被害者が受けた／受けている被害の実態が明らかになったときである。

公害の発生が社会に知られると、誰が被害を受けたのか／受けているのかを明らかにし、その人の被害からの回復や被害に対する補償が求められる。同時に、加害者側には被害者への謝罪や補償、再発防止のための対策実施や組織改革などが、中央・地方政府には二度と同様の問題が発生しないように公害防止制度の設計・改善などが求められる。それぞれに取り組むべきことが生じるが、なかでも被害者の救済を優先するために誰が被害を受けた／受けているのかを特定することが重要な課題となる。

しかし、被害者の特定は容易ではない。当事者にとっては、公害被害をもたらす有害物質を摂取した自覚があり、特有の症状が現れていれば自分が被害者であるのは明らかである。また、本人にはそうした自覚や記憶がなくても、家族などの他者によって有害物質を摂取したことが認識されており、その人に特有の症状が現れていれば被害者であることは明らかであろう。しかしながら、公的制度のもとで被害者の救済を図る場合は、本人が被害者であることを自認したり、たとえば、親が子どもを被害者であると主張したりするだけでは足りず、公平な立場から客観的に認定することが要求される。

公害患者を認定する際、体内に残留する原因有害物質の濃度は量的に計測できるので重要な指標として用いられるが、多くの問題があると指摘されている。たとえば、同量の有害物質を体内に摂取したとしても、人によって身体・精神に現れる症状は多様であり、同時に摂取したとしても体外に排出される速度には個人差が大きい。また、公害被害者救済制度に限らないが、行政が申請主義を採っているため、申請しなければ被害者は救済されないことも問題である。特有の症状が現れていたとしても、本人がそれを公害の被害だと気づかない場合もあるし、自覚している症状が公害の被害によるものと認識していても、周囲からの偏見や差別をおそれて救済を求めない場合もあるからだ。このため、未認定問題に直面している被害者やその家族はもちろん、こうした問題を把握している支援者・研究者・ジャーナリストらは、救済されるべき公害被害者は認定された患者数よりも多いと考えている。

公害被害を訴えるために、被害者は被害の実態を語る。ここで被害とは、本人の身体・精神にかかわるものだけでなく、周囲の無理解や差別・偏見など社会的な要因によるものも含まれる（飯島

1984)。その語りを支援者・研究者・ジャーナリストなどが受けとめ、メディアによって拡散され、立法・行政・司法に届くと、患者認定の基準や仕組みなどが変わるかもしれない(除本 2007)。被害者はこうしたプロセスを思い描き、状況の改善に願いを込めて被害を語る。

被害者は、被害の実態を伝えるために、自身の痛みや苦しみについて口にする。被害を語ることについて、周囲から圧力がかけられたり、自らはばかられて口をつぐんだりする場合、公害の発生は明らかにされない。黙って泣き寝入りすることは、加害者側を手助けすることになる。一方、被害者による語りは、被害からの回復や被害の補償を求める運動を推進する。語りが人びとの関心を呼び、運動に拡がりを与える。このため、被害者による語りは、被害者団体・支援者団体などから、連帯に必要な「闘うオラリティ」として期待される。

ところが、被害者が被害の実態を語ったとしても、望むように患者として認定され、適当な補償が受けられるとも限らない。認定される人とされない人、補償についても十分に認められる人からまったく認められない人まで、制度を通して振り分けられる。さらに、さまざまな理由から被害を語らない人がいる。被害を語るとき、多くの語らない人との間に差異が生じる。被害者の「闘うオラリティ」は、連帯を促すと同時に分断を作りだすことがある[1]。

本章では、このような被害者の語りが生む連帯と分断について考察するために、カネミ油症事件を事例に取り上げる。この公害は、事件発生から半世紀が過ぎてもなお、患者認定制度をめぐる活発な動きがみられ、制度の改善に向けて「闘うオラリティ」が必要とされている。一方で、そのようなアプローチでは包摂できない人びとは残る。それでは、どうすればよいのだろうか。この事件に関係する人びとの語りに耳を傾けることを通して、公害被害に遭われた人びとの生を支える方法について考えたい。

2 カネミ油症の未認定患者問題

カネミ油症と被害者支援運動

カネミ油症は、1968年に西日本を中心に広域にわたって発生したカネミ倉庫社製の「ライスオイル」（米ぬか油）による食中毒である。吹出物・色素沈着・目やになどの皮膚症状のほか、全身の倦怠感、しびれ、食欲不振など多様な症状が見られる。原因は、脱臭工程の熱媒体として使用されていた鐘淵化学工業（現カネカ）社製PCB「カネクロール」が、食用油の「ライスオイル」に多量に混入したことにあった[2]。有毒物質を含む米ぬか油が市場に出回ったため、揚げ物などを通して摂取した人びとが甚大な被害を受けた。

この事件は「PCB人体実験」（林 1974）とも呼ばれたように、カネミ油症の原因物質はPCBだと考えられていた。しかし現在では、PCBが熱媒体として加熱された際、ダイオキシン類の一種であるPCDFなどに一部が変化し、PCB・ダイオキシン類の複合中毒症状であると明らかにされている。PCB・ダイオキシン類は、一度体内に取り込まれると残留性が高く、排出方法や根本的な治療法は見つかっていない。

カネミ油症は、事件発覚後1969年7月までに1万4627人が被害を届け出たが（杉山 1969）、2023年3月末時点の認定患者は2370人に過ぎない[3]。このためすでに事件発生から半世紀以上が経過しているものの、さらなる被害者の救済を訴えて制度の改善を求める動きが近年も活発に展開されている。ただし、この運動は事件発生直後から継続してきたわけではない。一度は沈静化した被害者運動が再起動したのは2000年頃であった。

1969年2月以降、被害者はカネミ倉庫・カネカ・国などを相手取り、相次いで民事訴訟を起こした。下級審では、カネミ倉庫の責任はもちろん、一部ではカネカや国の責任も認められ、1984～85年に国からは1人当たり約300万円、総額約27億円の仮払金が支払われた。しかし、最高裁判決では逆転敗訴となる可能性が高いとわかり、1987年に原告側はカネカとの和解に応じ、国に対しては敗訴判決が出る前に訴えを取り下げた。以降、被害者団体は衰退・消滅し、被害は放置された。

1996年、国は債権管理法の定めに従い、仮払金の返還を催促する通知を原告被害者本人や死亡原告の相続人に宛てて一斉に送付した。多くの被害者はすでに医療費や生活費に使っていたため返金の目途が立たず、自殺者も出るなどの悲劇が起こった。

被害者救済の針が再び動き始めたのは、この仮払金問題が表面化するとともに、ダイオキシン類がカネミ油症の原因物質として一般にも知られるようになってからである。1999年頃から、ごみ焼却等で発生するダイオキシンの問題に取り組んでいた市民団体「止めよう！ダイオキシン汚染・関東ネットワーク」が被害者支援運動を始め、この動きが2002年6月に設立した「カネミ油症被害者支援センター」（略称YSC）に引き継がれた。

YSCはカネミ油症の被害者を救済するために、設立時、取り組むべき課題として、①仮払金返還問題、②未認定患者問題、③医療制度の充実と治療法の確立および生活支援制度の確立を掲げた（カネミ油症被害者支援センター編 2006）。このうち①については、2007年成立の「カネミ油症事件関係仮払金返還債権の免除についての特例に関する法律」（仮払金返還免除特例法）によって問題が解消された[4]。②と③については、2012年の「カネミ油症患者に関する施策の総合的な推進に関する法律」（カネミ油症被害者救済法）成立によって、年24万円（国19万円＋カネミ倉庫5万円）の給付増、診断基準の追加（事件発生時の同居家族の認定）、国・カネミ倉庫・患者による三者協議の開催など支援策が拡充されたが、被害者にとっては十分な内容とはいえず、課題は残されたままである。

次世代被害者の救済問題

油症の診断基準は1968年に作成されて以降、時間の経過に伴う症状と所見の変化や分析技術の進歩に伴い、2004年にはダイオキシン類ＰＣＤＦの値が加わるなどの改訂を繰り返した。この基準の変更点をたどると、臨床症状ではなく血中の有機塩素系化合物の濃度を重視するように絞られてきたことがわかる（原田ほか 2011）。もし食中毒事件として取り扱われたならば、摂食した事実と医者の診断があれば補償の対象となるのに、カネミ油症の場合は認定審査の手続きが必要で、多くの未認定患者を生み出した（津田 2006）。

こうしたダイオキシン類の血中濃度を中心とする判断とは異なる基準が加えられたのは、2012年のカネミ油症被害者救済法による。同法の成立を受けて、事件発生当時に油症患者と同居し、カネミ油を摂取して心身に症状を抱えている場合は油症患者と認定されることになった。この追補された基準によって家族内同居認定された患者は、2023年3月末までに344人を数える。

カネミ油症では、このように事件発生から長い歳月が経過しても診断基準が変更され、以前は認定されなかった被害者が認定されることが生じてきた。この運動の成功体験をもとに、YSCは次の段階として、次世代被害者（直接油を摂取した被害者の子や孫）の未認定問題に集中的に取り組んでいる。

2019年6月、被害者団体とYSCは、坂口力元厚労相と面談した。坂口氏は厚生労働大臣時代に、カネミ油症の原因物質がダイオキシン類であると答弁し、認定基準の改訂を促したほか、カネミ油症被害者救済法を議員立法としてまとめたときに、超党派の国会議員連盟の会長を務めていたため、YSCが頼りにする政治家の一人である。面談時、坂口氏は次世代救済の道を作りたいと述べるとともに、次世代にどのような症状が見られるのかを簡潔にまとめ、その基礎資料をもとに行政や政治家に働きかけていくようにと道筋を示した。坂口氏の話を受けてYSCは、次世代被害者の中でも1969年以降に生まれた認定患者の子や孫にターゲットを定めることにした。彼らは心身の症状が重くても、血中濃度は親世代と比べて低い場合が多く、認定患者は50人ほどに留まっているからである。もちろん、未認定患者の子や孫についても実態を把握すべきであったが、次世代被害者の全面的な救済に向けてまずは対象を絞ったうえで、現在の症状を明らかにすることが必要と考えたのである。

ＹＳＣは２０２０年1月からカネミ油症被害者全国連絡会の協力のもとにアンケート調査を進め、２～３月には被害者の多い五島市を訪問してヒアリング調査も実施した。12月、ＹＳＣは調査対象の次世代被害者49名の回答から、認定患者の子や孫は「一般成人と比べて、様々な健康被害の自覚症状が高い割合で発生しており、かつ罹患している症状の多くが認定被害者と重なる」ことを明らかにした。さらに、この結果をもとに次世代への救済拡大を厚生労働大臣宛てに要望書を提出すると、これに促されるかたちで、２０２１年から認定患者の子や孫らを対象にした全国規模の健康実態調査が全国油症治療研究班（班長：辻学九州大准教授）によって実施された[5]。

3 被害者運動の中に位置付けられる語り

救済を求める語り／救済に生かせる語り

筆者は、ＹＳＣの運営委員のひとりと知り合ったことをきっかけに、カネミ油症の被害者が多い長崎県五島市で現地調査を実施している[6]。初めて現地を訪問した２０１５年、ＰＣＤＦの血中濃度が診断基準に加わって認定された「新認定患者」がカネミ倉庫側を相手に起こしていた裁判で最高裁が上告の棄却を決定した。その理由は、不法行為から20年過ぎると損害賠償請求権が消滅するという除斥期間にあった。事件発生から時間が経つにつれて、補償・救済制度の改善に向けた運動に頼るばかりでは被害者の支援は難しくなると予想されたので、被害者が抱えている生活上の問題を丁寧に聞いて、個別に対応を考えていくアプローチも必要だと思われた（永野 2018)。それでも、現地調査の際には、YSCや五島市担当課を通じてインフォーマントを紹介していただくので、聞き取る語りの内容は被害の補償・救済の拡充を求めるものになりやすい。

A：五男がですね、胎児なんですよ。あとからお願いしようと思うんですけど、油症発生から10か月後に生まれたんですから、そけん、私はね、十分に母親のお腹の中で、母体の中で十分食べているのは、もう間違いないと思うんですよね。近いでしょう、10か月。まぁひとつ、何とか支援者にご尽力をお願いしたい。

B：いま重点的なことは、まさにそこですから。2世の方、3世の方々の救済ということですから。

A：特に近いもんですから。一緒に暮らしていたようなものですから。

へその緒でもね、確かに実証されとるんです。Cちゃんは特にサンプルやってね。

B：わざわざね、測定してもらって、高いデータが出ているのにね。

A：高いデータが出ているのに、放置されているような感じ、そういう状況ですね。なんとか胎児のほうを、私は強く要望したい。

だんだん私たちも足が悪くて、なかなかうまくいかんもんですけん、子どもが元気なうちにここに移転してというので。

B：それで越してこられたわけですね。

Ａ：２年前にですね。幸い空き家ができて、親戚でもあるし、いいチャンスでした。（同行していた筆者を含む研究者２名を見て）主に取材としては、どういうことなんでしょうか。

Ｂ：先生方がいろんなテーマでカネミ油症を取り上げたいということで、そのための調査ですので、Ａさんの体験ですとか、お話をうかがえればと。

Ａ：先生方もひとつ勉強していただいてですね、何とかカネミ救済に役立ててもらえればと思っております。よろしくお願いします。[7]

なぜ被害者は筆者たちに語るのか。これまで支援者と交流してきた経験から、語ることが補償・救済の拡充に繋がると考えられているからである。Ａさんの五男は１９６９年生まれで、同居家族認定の対象から外れている。一方、筆者は支援者を通して被害者と面会し、被害者の語りを聞くことから信頼関係を作っていくので、被害者からは支援者と同様の立場にある者と認識される。このため、次世代被害者の救済に協力するよう依頼されたのだった。

実際、カネミ油症では、被害者の語りが社会の関心を集め、支援の拡充に繋がったことがある。ＹＳＣの石澤春美と水野玲子が２００６年にまとめたカネミ油症事件聞き取り記録集『家族の食卓』には、被害者の置かれた悲惨な生活実態が記述されている。この市民調査を通じて、事件発生から35年以上も孤立して苦闘してきた一人ひとりの声が聞かれた[8]。

１９６８年、春頃から地元の商店で「体に良く、安い油」として「カネミライスオイル」が売り出された。２人目の子どもを妊娠中のこともあって〝体に良いなら〟と思い、買って使っていた。使い始めて数日して黒い吹出物が出始め、目やにも多くなった。歯茎や爪も黒くなり、異常に気持ちが悪くなって吐いたりした。

家族は、夫、長女、夫の母と４人で皆、同じ症状だった。

やがて、難産の末、やっと男の子が生まれた。生まれた子どもは、皮膚は黒ずんで左足が動かなかった。病院で股関節脱臼と言われた。８か月間足が開かなかった。胸から下、腕も手もギプスをはめて育てた。

ギプスは1か月に1度取り替えたが「かゆい、かゆい」と言ってギプスを嫌がりかわいそうだった。よく熱を出し、高熱となってなかなか下がらなかった。

40度以上の熱が数日間続き、総合病院でも原因が解らず、大学病院へヘリコプターで運ばれたこともあった。

（石澤・水野 2006：11）

油症になって病気続きの夫は、精密検査が必要となり入院した。

元気な時は漁に出てくらしを支えていた一本釣りの船を、しっかりと繋ぎ病院へ出かけて行った。それっきり、家に帰ることはなく、亡くなった。病名も治療法も解らないまま、息をひきとった。

息子の死から10年後の58歳の生涯であった。

「杉とトベラの葉っぱ以外は食べられる。どんな貧しい生活でも、娘と頑張って生きてくれ」と、言葉を残して、逝った。

（石澤・水野 2006：13）

こうした被害者の語りはメディアを通して社会に拡散され、ひいては政治を動かして、二つの法律を成立させるのに大きな役割を果たした。

被害者運動においては、被害者当人が被害の実態について直接訴えることが、しかもできれば実名で顔を出して社会に発信することが望まれる。匿名で顔を伏せたままの訴えと比較して、報道されたときの社会的な影響が大きいため、支援者やマスコミなどは、被害者に無理強いをしないまでもおのずと求めてしまう。また、運動の中心を担う被害者は自身の発言が及ぼす影響を自覚しつつ、そうした期待に応えようとする。たとえば、２０２０年12月６日開催の第４回高砂集会「カネミ油症の原因ＰＣＢ（ダイオキシン類）の製造者責任――次世代まで残る化学物質の健康被害から問う」では、「被害者の声を聞く」と題する時間が設けられ、次のような言葉が発せられた。

「被害者の声を聞く」も今年で４回目の恒例のプログラムとなります。カネミ油症というのは、被害を受けてから今に至るまで、本人の健康もさることながら、社会的な差別があったり世間の理解不足であったり、どうしてですね、なんら罪の無い私たちがこんな仕打ちを受けなきゃならないのっていうことを、被害者が生の声で話すことがインパクトがあって、集会後のアンケートでは、被害者の話を実際に聞いて衝撃を受けたとか、なんとか救済してもらいたいという温かい言葉が多く聞かれるわけです。語り部じゃないですけども、被害者が語り続けることも必要なんじゃないかと思いますね。［9］

私が生まれたのはカネミ油症発生から21年後の平成元年です。小さい頃からアトピー性皮膚炎で、小児ぜん息がひどく、小児科のお医者さんから、あなたのぜん息は治らない、そのまま大人ぜん息へ移行すると言われ、今までもたびたびぜん息の発作が出ている状態です。そのほかの症状として、腹痛、頭痛、全身倦怠感、全身の湿疹、鼻血、そして全身に膿を持って、そこから膿と一緒に出血することがあります。傷の治りもすごく悪く、母と同じ症状があるにもかかわらず、毎年の結果は認定には至りませんでしたと、紙一枚来るのみです。現在の認定基準では、認定されることが難しいと毎年感じています。ならば、母や親世代と同じ（ように）症状での認定をすべきかと思っております。[10]

患者認定制度をめぐる語り

被害の実態を明らかにすることは、補償・救済制度を改善するための基本である。実際、ＹＳＣの市民調査が契機となり、国はカネミ油症の次世代被害について実態調査を行った。この調査結果の分析をもとに、認定基準の見直しへと進むかもしれない。

しかし、被害者の中には、認定制度への批判や不信感について語る人が少なくない。その矛先は、２０２０年度まで全国油症治療研究班の班長を務めていた古江増隆氏（当時、九州大学大学院教授）に向かった。

19歳で被害に遭い、23歳で結婚。翌年出産した長男は生後4か月で亡くなった。カネミ油症との関係を強く疑っている。

へその緒が見つかったので、古江先生に分析を依頼した。カネミ油症患者の平均値よりも高い数値であったが、明確な関連性は否定された。その上、出産後の農薬の影響について示唆された。しかし、それはダイオキシン濃度とは関係のない話であり、分析が遅れた理由でしかなかった。

関連性が否定されたのは、サンプル数の少なさが原因。しかし、そうであるならば、どうすれば関連性が立証されるのか。いつまで待てば良いのか。

このため、ほかの子ども達のへその緒を分析にかけようとは思えない。〔11〕

〔古江氏は〕2世への影響についても、10年は影響が出るだろうと言っていたのに、そのことは認めてくれない。〔油症事件が発覚した〕昭和43年から10年となると昭和53年まで。せめてこの間の影響については認めるように、まず制度をつくって欲しい。本当は、それ以降の期間も含めて認められるのがいいけれど、まずは10年。〔12〕

Aさんの語りの中で言及されていたCさんの話である。全国油症研究班は、母体から子に原因物質が移るかどうかを調べるために、へその緒をサンプルとして集めることにした。Cさんはカネミライスオイルを直接摂取していない次世代への影響を明らかにして欲しいと願い、亡くなった長男のへその緒を試料として提供した。たしかに、科学的な手続きとしては多数のサンプルを収集し、統計分析などを経ないとわからないことが多いだろう。しかし、大事に保管していたへその緒を提供しても次世代患者が認定されない状況に不満を隠せない被害者は、おのずと支援者に助力を求めるのだった。

一方、古江氏はマスコミのインタビューに答えるなかで、研究班長の立場から、医学的な根拠で説明責任を果たせる範囲でしか認定／未認定を区別できないと説明していた。

――患者の診断基準で、ダイオキシン類の血中濃度の数値が重視されている。

医学的にはっきりした証拠に基づくという観点から、血中濃度は一番大事。一般の人からもみな微量は検出されるので、まず一般ではいないだろうという値を設定している。

――汚染油を食べても、50年経って正常値になっていることはありうる。「症状をみて判断するべきだ」という指摘がある。

正論といえば正論。しかし、高血圧とか高脂血症とか、一般にもある症状だけでは、それが油症に伴う症状なのか区別できない。医学的な見地を外れたら、とめどなく（認定することに）なる。

…

――被害者救済法で、一緒に食事をした家族に認定がいる場合、症状があれば認定される「同居家族認定」の制度ができた。

医学を超えて、法律で行われたものだ。同じ家族で母親が認定されて父親がされないのはどう考えてもおかしい。だが、医学では推論できない。（患者に）支出される税金を動かす政治家にそういう法律をつくってほしい、と思っていたのでありがたかった。

…

――次世代の健康調査に「50年かかる」という発言が波紋を呼んでいる。一般の人と2世の人たちを比較した調査を続けないといけない。がんなどでは40～50年ほどの長い年月見る必要がある、と話した。

――患者側は2世も「同居家族認定のように症状があれば認められるようにしてほしい」と訴えている。医学的には無理だ。法律でやってくれないと、我々にはどうしようもない。[13]

カネミ油症の研究を続けてきた環境社会学者の宇田和子は、「医師は医学を超えた判断を行うことはできない。それは自らの専門性の範囲を超えた仕事だから」と述べる一方、「行政から見れば認定作業の責任は医師にある。…油症基準を作成した油症研究班に認定の責任が実質的に負わされている」と説明する。そして、「油症研究班にのみ過重な責任を負わせるのではなく、…申請者が当時おかれていた状況を考慮に入れた政治的認定あるいは総合的認定を、医学的認定とは別の形式で設ける必要がある」という（宇田 2020：68）。被害者と専門家の双方の立場を理解したうえでの建設的な提言である。

油症認定を求める声は、五島市に配属されている医療ソーシャルワーカーや被害者団体の中心メンバーなどに寄せられる。被害者は高齢となって病気がちとなり、医療費の心配が増えている。油症患者として認定されるかどうかが、生活するうえで重要になってきた。しかし、未認定患者は油症検診を受けない人が多い。もし検診を受けて認定されなかった場合、お金ほしさに受診したと思われるからという気持ちがある。医療ソーシャルワーカーは油症検診を勧めることはできても、認定を決められるわけではない。そうした人びとから、認定してもらえないかと頼まれることもあるが、どうすることもできない[14]。

4　被害者運動の中に位置が与えられない語り

「被害者」らしくない語り

ここまでに取り上げた被害者の語りは、被害者運動や支援運動の中で補償・救済制度の改善を訴える際に重要な事実として位置づけられる。しかし、多様な語りの中には、獲得目標へと向かうことを妨げるものとして無視されたり、適当な位置を与えられないまま宙づりの状態に置かれたりするものもある。

記憶から葬りたいというのが強くてね。今は、みんなほら、油症の認定をしてもらいたくて行ってるじゃん。そこそこの医療費の負担とか、年にトータルしたら24万円の支給とかあるからかなって、私が勝手に思ってるんですよ。今は認定を希望する人が多いみたいで。私たちは当時は、カネミっていうこと自体がとても恥ずかしい病気で、伝染病みたいな扱いをされましたもんね。で、汚い。たしかに汚いですよ、肌が汚くなっているから。ね？　当時は何もわからなかったじゃないですか。今もそうだけど。

だから、世間はカネミの患者さんに対しては冷たかったですよね。今はみんな認定を望んでいるけど。だから、そこのところは当時と今は雲泥の開きと感じます。

…

直接、あんたカネミじゃん、とかっては批判はされてませんよ。でも、どことかもカネミだって、あそこもここもって、したら、私も言われよっちゃ。でも、言われたってね、人の口に戸は立てられないし。自分が向かうしかないもんね。悩んだところで、向かっていったところで、なーんも変わりやせんし、前向きに生きていくしかないから。

…

楽しくなかったよ、本当に。本当に楽しくなかったよ。いや本当にカネミ倉庫はね、すごいことをしたと思うけど、でもね今思えば、ちゃんと医療費もきついなか、国の支援があってできることやけど、わずか5万、国が19万じゃん、5万でも少しずつ誠意を見せているわけやん、そういうことに対しては、人を恨むことばかりはしてはいけないと思う。思う。

…

カネミ倉庫も踏ん張ってるし、カネミ倉庫が踏ん張ってくれてるから、みなさん、医療費をご負担していただいているし。カネミ、全面的にかかっている病気が、100％カネミのせいとは私は受け取ってないんですよ。100％はね。…例えば、歯でもそうでしょう？　自分が歯みがきが悪かったから、こうなったかもわからないし。だから、すべてをカネミのせいに持っていくことはさらさらないし。それは間違っていると思う。

⋮

――でも、楽しくはなかった。

楽しいはず、なかじゃーん。結局、カネミばかりのせいじゃないち言いながらも、弱い自分がいるわけやん、病気ばいっぱい持っている。10以上病気を持ってますからね。子宮も卵巣も取ってるし。ムズムズ足もあるし。足根管症候群もあるし、高血圧、高脂血症、骨粗しょう症、腰椎の変形、膝関節の変形、不眠症。きりがないくらい。白内障の入りかけなんかは、それは加齢によるものやけん、なんら気にはしてないけど。小さいものまで数えたら、けっこうあるんですよ。[15]

このDさんの語りから、「伝染病みたいな扱いをされました」「本当に楽しくなかったよ」「10以上病気を持ってます」などを抜き出せば、運動に力を与える被害者の声として用いることができる。対して、被害者がカネミ倉庫の姿勢に対して「誠意を見せているわけやん」と一定の理解を示し、自身の病気を「100%カネミのせいとは私は受け取ってないんですよ」と認識する語りは、加害者と闘ううえでは不都合である。しかし、どちらもDさんの語りである。この中には、油症被害の辛さや苦しさとともに、それを抱えても前向きに生きている現実、カネミ倉庫を加害企業というだけでは捉えずに人として向き合おうとする姿勢などが含まれる。

Dさんは、被害－加害の対立図式にとどまらずに加害者と向き合おうとする。だから筆者も、この語りを聴いたとき、Dさんの被害者というだけではない側面に出会い、Dさんの生の現実に少し近づくことができた気がした。このとき筆者と一緒にDさんの語りを聞いていたEさんは、「こういった意見を初めて聞きました。被害者の方から。…嬉しいというか、そう思ってくれるだけで嬉しい」と言った。Eさんは多くの油症被害者から話を聞いて支援につないできた人であるが、自身が難病を抱えていることもあって、Dさんの考え方に心が揺り動かされたのだろう。自分の心の内に生じた感情を適切に表す言葉が思い浮かばず、しかし、Dさんに共感した気持ちを抑えられず「嬉しい」と伝えた。この語りをめぐる心の行き交いから、被害者の語りには補償・救済制度の改善を訴えるだけではない力が潜んでいることに気づかされる。

被害者運動の外に置かれる語り

認定制度は被害者を分ける。全面救済を図るには、誰一人こぼれ落ちることのない制度をつくることが求められるが、原理的に不可能である。線を引けば、線の内と外が生じる。

1968年の3月初め頃、私は、40度の高熱を出して寝ていました。おてんばでしたが、小さい頃から40度の熱を出して一週間寝ることはよくありました。一週間がたって、ようやく熱が引き、学校へ行く朝、顔にびっしりと赤黒いニキビができていて、びっくりしました。

おそるおそる祖父に何故こうなったのだろう？と聞くと、祖父は「お医者さんが脂肪代謝不全と言っていた」とつぶやきました。

赤黒いニキビは、目、鼻の穴、耳の穴、口以外のあらゆる所にできました。首、胸、背中、足にも。そして同じ時期にきょうだいにもできましたが、私が一番ひどかったです。10歳のはじめから19歳までの丸10年間、全身の赤黒いニキビは取れませんでした。このような症状が出たのは、私の地方では私たち三姉妹だけでした。

私は写真を撮るのがいやでした。

まわりのみんなは楽しく少女時代を送っていましたが、私にとっては暗黒の時代でした。

…

赤ちゃんが好きで助産婦になったのだから、子どもは5人くらいほしいと思っていました。しかし、死産、流産と続くので子どもはあきらめました。

そのかわりに保育所で働くことにしました。

43才の時、大きい子宮筋腫を全摘しました。

しかし、体のあちこちに脂肪腫ができていました。

その後は、うつ病、全身の痛み、だるさ、硬直…

正社員として働くのはむつかしい状況でした。

見た目は元気にみえる私の体のため、私の体の苦痛の訴えを理解して下さる方はなく、悩みに悩んでいました。

思い悩んでいた時、手にしたある新聞で『カネミ油症救済法成立へ』の記事に思わずくぎづけになりました。

2012（平成24）年8月3日のことです。

被害者の方の証言を読むと、症状が私とよく似ている、私は、カネミ油症被害者ではないか?と思い、いろいろ調べ、検査も受けましたが、結果は『未認定』でした。

しかし、今、心強い支援して下さる方々、そして被害者の会の方に出会えました。

どうか、私の紙しばいが、何の病気かで苦しんでいる方々に少しでも気づいていただき、声を発する機会となりますようにとの思いをこめて描きました。[16]

2012年、西日本の山間の集落に育ったFさんは、長年にわたる病気の症状がカネミ油症の特徴に当てはまることに気づいた。カネミ油症の疑いがあっても、かつての自分のように、その可能性すら気づくことのない人が全国にいるのではないかと考え、紙芝居を通して被害の広がりを訴えようとしている（『朝日新聞』2018年6月15日）。

Fさんの場合、そもそもカネミ油症の被害者であるかどうかが不明である。病気の症状は油症の特徴に当てはまるものの、カネミライスオイルを摂取したかどうかがわからない。このため、YSCではこの紙芝居を被害者支援運動に位置づけることができない。限られた運動資源をあてがう先として、優先すべきは次世代被害者の救済問題だからである[17]。

それでも、Fさんが油症患者と同様に長年悩み苦しんできたことは事実に違いない。このような人びとの生を支えるためには、闘う運動とは別の方法が必要であろう。つまり、公的な補償・救済制度が不十分であることと闘いながらも、共的世界の中で一人ひとりの生を支え合うコミュニティづくりへと向かうアプローチである。

5 闘い、支え合うために

五島市には、被害者と市民をつなぐ講座開催が契機となって2007年に設立した「カネミ油症を共に考える会」という市民団体がある。現在、この団体と被害者との接点は非常に少なく、「カネミ油症被害者五島市の会」の会長は「50周年のとき初めてそういう組織があることを知ったくらい」という関係である。

この団体の中心メンバーは、補償・救済制度を改善するために大きな力となる政治家、弁護士、大学教員などではない。50年以上前にカネミ油症の被害者が多発し、今でも多くが暮らす五島市の島で共に生きる人びとである。だから、カネミ油症について考えるだけではなく、人口が減少し続けている島の現状に危機感を抱き、地域を豊かにすることと併せて考えている。たとえば、メンバーの一人は、油症被害者が保護する対象として扱われていると感じており、被害者自身ができることを自立してできるように生活を支援するなかで、何かできることはないかと探している[18]。

筆者もYSCの活動に参加するようになってしばらくの間は、これまでの経緯を十分に理解できていないうえに、法律に疎くロビー活動の経験もなく、被害者の補償・救済制度の拡充をめざす闘う支援運動のなかで居場所や役割を見出すことが難しいと感じていた。そのうち、カネミ油症に関心を持つ人びとに向けて、広く情報を伝えることであれば手伝えそうだと思い、現在はその役割を担っている。筆者には被害者を直接的に支援できる経験や専門性が乏しいので、被害者を取りまく環境に働きかけたいと考えたのである。

カネミ油症の根本的な治療法は見つかっていない。認定／未認定にかかわらず、病気や障害とともに一生を生きていく。もちろん、補償・救済制度の拡充は必要に違いないが、それだけでは不十分である。被害者が被害に遭ったことを恥じることなく自信を持って生きていけるように、被害者と市民の交流を促し、社会環境を変えていくことも重要だろう。

被害者同士の交流も十分とは言えない。被害者団体は、被害者運動を展開するために組織されたものが多いからである。このため、年に1回の油症検診が被害者同士の貴重な交流の機会となっているという[19]。また、認定／未認定の違いによって、運動における獲得目標の優先順位が変わるために、同じカネミライスオイルによる食中毒であっても一緒に活動できない団体が多い。

カネミ油症は「病気のデパート」（原田 2010）とも呼ばれるように症状は多岐にわたり、居住地も分散しており、認定／未認定、認定された時期など、その実態は多様である。この被害の多様性が「『患者同士の分かち合い』の機会を奪い、地域を分裂させ、さらに被害者運動の統一を阻むという帰結をもたらした」（宇田 2015：222）と指摘される。

この正確な分析におおむね肯きつつ、疑問符も打ってみたい。被害者それぞれ個別的な経験を共有したとき、違いが分断を生むとも限らない。違いがあることに気づき、自身の孤独を感じるとともに、そう感じるのは自分だけではないと力が湧いてくる可能性もあるだろうか。闘う運動を効果的に展開

年表　カネミ油症をめぐる経緯

1968年	カネミ油症事件が発覚
	油症研究班がカネミ油症診断基準を作成、認定開始
1969年	患者ら、カネミ倉庫、鐘化、国などを相手に損害賠償を求めて訴訟
1984年	福岡高裁判決で国の責任を認定、国は約25億円を仮払い
1987年	最高裁の勧告で原告団は鐘化と和解、判決前に国への訴えを取下げ
2002年	カネミ油症被害者支援センター設立
2004年	認定基準にPCDFの血中濃度が追加
2007年	仮払金返還免除特例法が成立
2008年	裁判終結後の新認定患者がカネミ倉庫を提訴
2012年	カネミ油症被害者救済法が成立 →同居家族内認定・三者協議
2015年	最高裁が新認定患者らの上告を棄却、判決確定
2017年	患者ら、カネカの工業所がある兵庫県高砂市で集会、その後毎年開催
2021年	国が認定患者の子や孫の健康被害を調査

するために、さまざまな個別的な経験をカネミ油症被害という大枠で提示しようとして、分断を引き起こしたこともあったのではないか。

もし、このような疑問を抱くことが許されるならば、闘う運動を継続しつつも、支え合うコミュニティづくりも進めてよい。大気汚染公害の患者会では、メディアが報じる裁判闘争の場面が目立つけれども、日常的に自らの病気や障害を語り合い、お互いの健康を気づかうコミュニティ実践が基盤にある大事な活動であるという。この活動には認定も未認定も関係なく共に参加できる[20]。

被害者の語りの多様性が分断を招くのか、連帯を導くのか。この問いに一般解は存在しない。それは、語りそれ自体の内容によってではなく、語り手と聞き手の関係や語られる場の状況によって変わる。

闘うオラリティは、相手がいるために課題の優先順位が整理され、特定の課題に焦点化される。しかし、それゆえに適切な位置が与えられず、脇へ追いやられる語りが生じ、分断を生むこともある。これに対して、支え合うオラリティでは、日常的で整理されないまま個別具体的な個人の経験が語られる。そこでは、言葉の内容よりも、言葉を通して想像される生きざま、感じられる体温が交わされる。この語りから人の存在を想う感性が、二つとない被害者一人ひとりの生を大きく包み込む。

ただし、支え合うコミュニティづくりを目ざす場合でも、語りが連帯を生むときは分断も伴う。闘うときも支え合うときも、語りから生まれる連帯と分断の両面を見据え、目的に応じて語りを受けとめる社会環境が求められる。

注

[1] 公害被害の実態は、被害者の語りのほかにも、たとえば写真や映像によって社会に伝えられるときもあるが、その衝撃性が連帯とともに分断を引き起こすという点は同様であろう。

[2] カネミ倉庫とカネカは社名が似ているが、グループ企業等の関係ではない。

[3] 厚生労働省資料「カネミ油症認定患者数一覧（令和5年3月31日現在）」https://mhlw.go.jp/stf/seisakunitsuite/bunya/0000139996.html

[4] 債務を負った原告の約9割が返還免除の対象となり、残りの債務者についても分割返済など調整が行われた。

[5] ２０２２年２月に発表された中間報告では、認定患者の子や孫３８８人が自覚症状などを回答したアンケート結果から、患者特有の倦怠感や頭痛などの症状や先天性疾患が目立つことが明らかにされた。

[6] ２０１８年からはＹＳＣの会合に顔を出すようになり、２０２０年からは運営委員に加わり月例会議に出席し、おもに広報活動に協力している。

[7] ２０１５年３月７日、Ｂさんの紹介でＡさんを相手に聞き取り調査を実施した。Ａさんは五島市在住、１

930年生まれの認定患者。五男以外の子どもたちも認定患者（カネミ油症救済法による家族内認定を含む）。Bさんは東京都多摩市在住で、ダイオキシン汚染問題への関心からカネミ油症被害者支援に関わるようになったYSC運営委員の一人。Cさんについては後述する。

［8］石澤・水野（2006）で最初に紹介されている61歳認定患者の記録「十七歳の生涯」から抜粋して引用した。その際、漢数字をアラビア数字に変えた。

［9］司会を務めた1962年生まれ認定患者による言葉。

［10］1989年生まれの認定患者の子の発言。

［11］1949年生まれの認定患者Cさんから2015年3月7日に伺った話を書き留めた記録。

［12］Cさんに2019年7月31日に伺った話を書き留めた。

［13］『朝日新聞』2018年11月10日の記事、聞き手は奥村智司氏。なお、2020年4月に新たに油症治療研究班の班長となった辻学氏（九州大学准教授）は、現在進行中の次世代健康実態調査の結果を踏まえた認定基準の再検討を視野に入れているという（『西日本新聞』2021年6月26日）。

［14］2018年8月6日、当時の医療ソーシャルワーカーに聞き取り調査を実施。

［15］1953年生まれの認定患者Dさんに2019年7月30日に聞き取り調査を実施。

［16］東京在住のFさんが制作した紙芝居「私はなんの病気?」の文章を抜粋して引用。

［17］2021年10月25日YSC運営委員会議事録において、筆者の発言が次のように残されている。「運動の優先順位からすれば、周辺的に見える症状をお持ちの方をどのようにカバーするかは、今、議論する段階ではないと思う。今は次世代に焦点を絞ってやっていかないと、制度作りにおいても難しい。まずは認定患者に近い被害者に向けて動いていく必要あり」。

［18］2019年8月1日に聞き取り調査を実施。

［19］「第8回公害資料館連携フォーラム in 長崎」のプレ企画で2021年11月6日に開催された「いま改めてカネミ油症を考える」において被害者が語った。

［20］公害資料館ネットワークの林美帆さんに教えられた。

参考文献

飯島伸子（1984）『環境問題と被害者運動』学文社

石澤春美・水野玲子（2006）『家族の食卓――カネミ油症被害者聞き取り記録集』カネミ油症被害者支援センター

宇田和子（2015）『食品公害と被害者救済――カネミ油症事件の被害と政策過程』東信堂

――（2020）「カネミ油症の未認定問題――医師の領域設定から開かれた認定へ」『環境と公害』49(4)：63-69.

カネミ油症被害者支援センター編（2006）『カネミ油症 過去・現在・未来』緑風出版

杉山太幹（1969）「ライスオイル中毒事件（I）」『食品衛生研究』19(8)：43-57.

津田敏秀（2006）「疫学者から見た「カネミ認定」の誤りとあるべき姿」カネミ油症被害者支援センター編『カネミ油症 過去・現在・未来』緑風出版 105-127.

長崎県五島市カネミ油症事件50年記念誌編さん会議編（2020）『カネミ油症事件50年記念誌』五島市

永野三智（2018）『みな、やっとの思いで坂をのぼる――水俣病患者相談のいま』ころから

林えいだい（1974）『嗚咽する海――ＰＣＢ人体実験』亜紀書房

原田正純（2010）『油症は病気のデパート――カネミ油症患者の救済を求めて』アットワークス

原田正純・浦崎貞子・蒲池近江・田尻雅美・井上ゆかり・堀田宣之・藤野糺・鶴田和仁・頼藤貴志・藤原寿和（2011）「カネミ油症被害者の現状――40年目の健康調査」『社会関係研究』16(1)：1-53.

除本理史（2007）『環境被害の責任と費用負担』有斐閣

2章　上手な運動の終い方？
——オラリティと承認の多元性

青木聡子

1　はじめに

"やめるにやめられない" 公害反対運動

1960年～1970年代にかけて日本各地で活発に展開された公害反対運動は、ローカルな現場レベルでは加害企業の発生源対策や地方自治体の公害対策への関与を引き出し、国政レベルでは公害対策基本法の制定（1967年）や環境庁の新設（1971年）をもたらすなど、一定の成果を上げてきた。患者認定をめぐっていまだ裁判闘争が続き、アスベスト被害など新たな問題をめぐっては国や原因企業を相手取った損害賠償訴訟の提訴が続くなど、公害問題をめぐるたたかいは決して収束していないものの、公害発生源そのものへの対策がなされたり、予防的措置が取られたりするなど、新たな被害が生まれにくくなったことは確かである。発生源の解消や封じ込めが進み、健康被害や生活被害の軽減や回避がなされ、一見すると公害問題は、過去に発生した被害をめぐる患者認定や賠償責任などの問題を除けば、おおむね解決したかのように思われる。環境をめぐる社会運動も、環境問題に抗う住民運動に代わって環境保全を進める市民活動が目立つようになってきた（青木 2020）。

だがその一方で、公害反対運動を経てもなお除かれえなかった公害発生源は複数存在する[1]。そのような場合、被害住民は、発生源との共存を余儀なくされるだけでなく、生活環境を悪化させないためにたたかい続けなければならない。運動を続け原因企業に働きかけ続けることによってのみ、現状の生活環境が保たれるためである。住民は、発生源の解消を目的として、すなわちいつかはもたらされうるゴールを目指して運動を行うのではなく、住み続ける限り共存を強いられる発生源に対して環境負荷の軽減を働きかけ続ける、終わりのみえないたたかいを余儀なくされる。本章では、公害反対運動の盛り上がりから60年あまりを経た今、ローカルな現場が直面するこうした問題を取り上げ、〝やめるにやめられない〟運動をめぐる人びとの語りに着目する。後述するように、本章で取り上げる事例では運動が長期化するなかでその負担は少数のコアメンバーに集中している。そうした状況で何が語られるのか、または語られなくなっていくのかについて、本章では検討する。そしてその際に用いるのが、語りの場と社会的承認という二つの着眼点である。

語りの場の多様性と社会的承認

人が何かを語るとき、そこには語り手と語りの宛先が存在する。語りの宛先が自分自身になる、すなわち自分に向けて語ることもあるが、そうでない場合、語りは自分以外の他者に向けられる。そして、誰に／何に向けられたものかによって、すなわち語りの宛先と語り手との関係性によって、さまざまな語りの場が形成され多様な語りが紡がれる。本章では、こうした語りの場の多様性に留意し、語りの内容そのものに加えて、ある語りがどのような場で誰に向けられたものなのかについても検討の対象とする。

後に事例に即して詳述するように、公害反対運動に関する語りは、原因企業に向けられるもの、行政に向けられるもの、仲間内でのもの、一般市民に向けられるものなどさまざまな宛先をもっている。そしてその宛先に応じて、形成される語りの場もさまざまである。本章では、それぞれの宛先に応じていかなる語りの場が形成され、形成された語りの場がいかなる意味をもっているのか、そしてそこで何が語られるのかについて検証する。そしてその際に補助線として用いるのが、社会的承認の概念である。

新潟水俣病問題の被害者がなぜ長い沈黙を破って語りはじめ、語り続けるのかについて検討した関礼子は、「被害を受けた自己に対する社会的な承認を得るためのプロセスとして語りがある」と指摘する（関 2016：209）。自らが受けた被害や、自分が被害者であるということを社会に広く知らしめ認めてもらうために被害を訴えること、それが語りという行為であるとの指摘である。そのうえで、「語り部」が制度化されることにより、被害を「訴える」ものであった語りが「伝える」ものへと変化することを指摘する（関 2016）。運動をめぐる語りの場合、被害を訴えることに加えて、運動の成果を提示したり運動の困難さを訴えたりするという役割も、語りは有していると考えられる。本章では、長年にわたり展開されてきた〝やめるにやめられない〟公害反対運動である、名古屋新幹線公害問題を事例として、語りの場に応じて、被害や運動の語りが、いかなる社会的承認の要求となっているのかをみていきたい。

2　名古屋新幹線公害問題のこれまでと現在[2]

問題の概要と和解に至るまでのたたかい

新幹線公害問題とは、新幹線の高速走行に伴って生じる、騒音、振動、日照障害、テレビ電波受信障害、水涸れ問題などの総称である。このうち、東海道新幹線沿線地域では、日本初の新幹線である同新幹線の開業（1964年）以降、おもに騒音、振動、日照被害、テレビ電波受信障害が本格化し、深刻な被害がもたらされた。なかでも、本章で取り上げる名古屋市熱田区・中川区・南区にまたがるいわゆる「名古屋七キロメートル区間（以下、「七キロ区間」と略す）」沿線は、古くからの下町で人

開業当時、防音壁のない高架上を走行する東海道新幹線
（名古屋新幹線公害訴訟弁護団 1996）

びとの生活の場であり、人口密集地域である。そのような地域を貫いて、防音壁のない高架上をむき出しの新幹線が時速200km前後で走行したため、住民への被害は甚大であった[3]。

沿線地域では、七キロ区間を中心に住民運動が開始された。住民運動はやがて名古屋新幹線公害訴訟原告団（以下、「原告団」と略す）を発足させ、騒音・振動の差し止めを求める裁判闘争へと発展した（1974年提訴）。裁判闘争は、名古屋新幹線公害訴訟弁護団（以下、「弁護団」と略す）をはじめとして医学系・工学系などさまざまな専門家の支援を得て展開され、1986年に国鉄（当時）と和解するに至った。1960年代当時、新幹線による被害は名古屋市内に限らず全国で発生しており、例えば横浜市、岐阜市、福岡市、尼崎市などでは住民による反対運動も起こっていた。しかし、新幹線沿線で公害の差し止めを求めて提訴に踏み切ったのは名古屋の七キロ区間のみである[4]。訴訟そのものは一審、二審ともに公害の差し止め請求を退ける判決が下されたが、訴訟の過程の裁判所内外での取り組みは、さまざまな成果をあげている。たとえば、提訴から2ヶ月あまり経った1974年6月には、国鉄が障害防止対策の策定を行ったほか、同年12月には原告居住地域内沿線20メートルを買い上げる提案をするなど、訴訟対策とはいえ沿線住民の生活環境改善に資する取り組みがなされた。加えて、その後の新幹線整備に影響を与えた点も当該訴訟の成果として看過できない。山陽新幹線や東北新幹線の建設に当たっては、当該事例の経験を踏まえて、沿線の騒音・振動対策が国鉄内で事前に検討され、実際に構造物の重量化などの対策が取られた。

1980年代前半に現地調査を行った船橋晴俊や長谷川公一らは、調査結果から、新幹線公害が有する社会問題としての現代的特質、加害と被害の社会的メカニズム、住民運動の展開過程と裁判闘争の意義を明らかにし、一連の分析を通じて受益圏・受苦圏という概念を精緻化した（船橋ほか 1985）。ただし、船橋らによる調査・分析は、問題発生時から控訴審判決までの時期を対象としており、結論部分は問題克服に向けた暫定的な解決策を提案するにとどまっている（青木 2009：102）。裁判闘争自体は、船橋ら（1985）が発刊された直後の1985年以降、急展開をみせた。控訴審判決後に国鉄側・原告側双方が上告し最高裁で争う姿勢をみせたものの、同時に和解の道が模索され、1986年4月に和解協定が調印された（青木 2009：102）。国鉄民営化後は、東海旅客鉄道（通称JR東海、以下ではJRと略す）が原告住民への対応を引き継いでいる。

運動の長期化とその影響

終わらない被害と運動

では、原告側と国鉄側との和解によって、名古屋新幹線公害問題は終わりをむかえたのだろうか。答えは「否」である。当該地域では、問題が解決済みであれば解散されて然るべき原告団や弁護団が、現在でも存続している。それも、実際の活動を伴った存続である（青木 2009）。後に詳述するように、原告団・弁護団は、月例の世話人会を開いて対応を話し合っているほか、毎年6月には環境省および国交省と、7、8月には愛知県および名古屋市と、3月にはJRと交渉を行っている。なぜか。それは、和解によって被害がすべて解消されたわけではなく、沿線地域にはさまざまな問題が残るためである。

たとえば、訴訟当時に最も中心的な争点であった騒音・振動は、当時と比べれば改善してはいるものの、原告居住地域の七キロ区間においてでさえ環境基準（騒音）を超える値が測定されることが依然としてある。「現状非悪化」の原則も守られていない。和解協定書には、騒音・振動の発生源対策について国鉄の努力義務が明記されており、和解後、JRがその努力義務を果たすよう原告団は七キロ区間に関して「監視」を行い圧力をかけ続けてきた。

努力義務のうち、発生源対策は、軌道構造物・架線への対策と車両の改善とに大別できる。これらのうち前者に関してJRは、和解協定に従い、ラムダ型防音壁の設置、レールの削正、ハンガー間隔縮小架線への変更、バラストマットの敷置などの対応を行ってきた。これらの対策は実際に効果をあげており、名古屋市による定期監視測定[5]において、原告居住地域（七キロ区間）に関しては、騒音は１９９０年に暫定目標の75dBをクリアした。ＪＲが上記の騒音対策を講じてきたことについては、原告団側も一定の評価をしている。だが、騒音の環境基準である70dBに関しては、年によっては七キロ区間内でもクリアできていない地点があったり、クリアしていても前年の数値を上回る場合があったりするなど、和解協定を完全に履行しているとはいいがたい[6]。

振動に関しては、七キロ区間では緊急指針値の70dBをクリアしてはいるものの、そもそも緊急指針値はあくまでも緊急の基準であり、１９７６年に勧告が出されてからすでに45年以上が経過している。国は65dBに引き下げた環境基準を早急に設定し、ＪＲにその順守を求めるべきであると、原告団は考えている[7]。これに対して、ＪＲ側は、第1回協議の際から「振動については発生・伝導のメカニズムが十分に解明されておらず、目下研究中である」という旨の回答を繰り返しており、現在もこの姿勢は変わらない。振動対策のための技術開発が進まないことも原告団が問題視するところである[8]。

車両対策に関しては、ＪＲはパンタグラフの改良と車両の軽量化とに取り組み、双方とも成果を上げてきた。ただし、同時に列車の高速化も進められていることから、車両の軽量化による騒音・振動の低減効果は相殺されていると原告団は指摘する。

このほかにも、移転跡地問題[9]、南方貨物線廃線にともなう土地利用の問題、六番町鉄橋の桁下反射音問題、防音壁中のアスベスト飛散問題など[10]、原告団・弁護団の前には課題が山積している。

しかも、それらのほとんどが、和解時には存在しなかったり顕在化していなかったものが、時間の経過とともに問題化したり顕在化したりしたものである。いずれも和解時には想定されていなかった問題であり、そのため、和解から35年以上を経ても原告団・弁護団が活動を続けているという事態は、当人たちにとっても想定外のことであった。

担い手住民の負担

こうして想定を超えて長期化した運動は、その担い手たちにさまざまな負担をもたらした（身体的負担、経済的負担、精神的負担）。第一に、仕事や育児・介護と並行して運動に従事しなければいけないことからくる身体的負担である。現在もコアメンバーとして活動に従事している原告住民6名はいずれも、和解直後から仕事や育児と運動との両立に苦労してきた[11]。現在では仕事を辞めたメンバーもおり、時間に余裕があるかに見えるものの、今度は親の介護や孫の育児に追われたり、自身が持病を抱えていたりと、70〜80歳代を迎えた原告住民にとって、原告団の活動による身体的負担は決して小さくない[12]。

第二に、経済的負担である。和解以降、原告団の活動費用は、和解金の一部を使って賄われてきた。だが、予想以上に運動が長期化したことから、２００９年ごろから原告団は財政難に悩んできた[13]。原告団の活動には、毎月の世話人会の会場使用料、全国公害被害者総行動実行委員会への拠出金、環境省・国交省交渉のための交通費（名古屋－東京往復）といった費用が最低限必要である。これらの費用をねん出するために、２０１７年以降は、コアメンバー６名が毎月一定額を積み立てている。コアメンバーの半数以上がすでに退職しており、そうしたなかで自腹を切ってまで運動を続けなければならないことは、JRや行政が職務として（有給で）原告団に対応していることときわめて対照的である。

第三に、精神的負担であり、これはおもに地域社会の人間関係をめぐってもたらされる。原告団のコアメンバーと近隣住民との関係は決して悪くない。むしろ、JRとの連絡役として、地域住民からJRへの問い合わせや要望などを取り次ぐ役割を果たしており、地域社会のなかで良好な人間関係を築いてきた[14]。だがそのようななかでも、たとえば、和解金について原告団に加わらなかった住民から勘ぐられたり、補償を受けての移転ではなく単なる引越しであったにもかかわらず、「いくらもらったんだ」と面と向かって言われたりした経験を、コアメンバーたちは有している[15]。かつて原告団として共に活動した住民から「まだやっとるの？何をやっとるの？」という言い方をされることもあるという[16]。地域社会や原告住民の大部分にとって新幹線公害問題は「もう済んだこと」なのだ、と思い知らされるたびに、コアメンバーたちのやるせなさは募る。

このように、運動の長期化によってさまざまな負担が担い手住民にもたらされてきたが、より深刻なのは、これらの負担が少数のコアメンバーに集中していることである。提訴当時は575名いた原告も、12年間の訴訟の過程で亡くなったり、和解の時点で活動から身を引いたりするようになった。名簿に名前は残っているものの多くの住民が活動から去っていき、実質的な活動は6名程度の原告住民がコアメンバーとなって担っているのが現状である。そのコアメンバーも高齢化しつつある。だが、「原告団」という組織の性質上、訴訟当時に原告ではなかった住民を新たにリクルートすることができない[17]。いまだ解決しない問題や放っておけば悪化しかねない問題を抱え、運動をやめるわけにはいかず、その身体的、経済的、精神的負担が残ったコアメンバーに集中する。それに対する周囲の無理解や無関心は、コアメンバーにとってさらなる苦痛となる。

以上、名古屋新幹線公害問題の経緯と現状について詳しくみてきた。運動はこのように長年にわたり、そして現在も限られたコアメンバーを中心に続けられている。こうした状況を踏まえ、次節以降では、運動が当事者たちによっていかに語られるのかについて明らかにしていく。運動のコアメンバーたちによる運動の語りは、語りの場に応じてどのようなバリエーションをもち、そのことは何を意味するのだろうか。複数の語りの場とそれぞれの場で紡がれる語りを確認していく。

3　語りの場と語りの多様性

語りの場の多様性

名古屋新幹線公害問題やそれに対する運動が語られる場としてまず挙げられるのは、ＪＲや行政との交渉や協議の場である。原告団・弁護団は、ＪＲ、名古屋市、愛知県、環境省、国交省とそれぞれ年に一度、直接対話の機会をもっている。後述するように、そこではある一定の被害が積極的に語られる。

加えて、原告団・弁護団の月例の世話人会や年に一度の世話人総会といった活動の場でも、さまざまな語りが紡がれる。多くは会合の議題に沿った発言であるが、むしろ本節で着目するのは、議題に沿った発言のあいだに差し挟まれる、いわゆる雑談や内輪の語りである。ふとした雑談から漏れ聞こえてくるのは、被害や運動に対してメンバーが有する複雑な心境である。

さらに、近年行われるようになった「語り部」活動も公害の被害や運動について語る場となっている。後述するように、名古屋市環境局による環境教育の一環として開始された「語り部」活動は、被害の語りの制度化といえる。それは、被害の社会的承認を促すと同時に、語られるべき被害とそれ以外の区別や優先順位の設定を促し、語りの固定化につながりかねないものでもある。

ＪＲとの直接対話における被害の語り

原告団・弁護団は年に一度、ＪＲと直接対話し、沿線の環境改善のための協議を行っている。和解の翌年から開始され２０２３年３月で37回を数えた対ＪＲ協議では、原告団・弁護団は毎回、ＪＲに対して、現存する問題へのより一層の対応を要求してきた[18]。ＪＲ側からは部長・課長クラスの管理職をはじめとする５～６名が出席し、原告団・弁護団からも５～６名が出席する。原告団・弁護団が事前に提出した申し入れ書の項目に沿ってＪＲが答えるかたちで、時間にして２～３時間の直接対話である。冗談で笑いが起こったと思った次の瞬間には怒号が飛ぶような、絶妙な緊張感のもと、答申とそれに対するさらなる質問というかたちで協議が進められる。

そこで原告団・弁護団から語られるのは、現在でも騒音・振動に悩まされていることや、空き地となっている移転跡地の管理に対する不満や、沿線の住環境のさまざまな問題点である。具体的には次に挙げるような語りである。

私んとこ、これは住んでみないとわからないんだけど、〔中略〕大変なんですよ。〔中略〕私たまに2階に上がるんですが、2階は50年前当時と変わらない。1階で寝起きしているんですが、おかげで1階はだいぶ良くなってきているが、2階は通るときガタガタいいます。現在も悩んでいます。揺れるんです。下りはだいぶ楽ですが、上りがいかん。少し減速するしか方法がないと思う。毎年お願いしているのだが。今でも2階では寝られない。〔19〕

〔夜間の保線工事を〕だいたい夜中の2時か3時にやっておられるのですが、最近、千年《ちとせ》〔=地名〕でかなり大きな音がしたことがあった。〔中略〕結構大きな音で、ちょうど寝静まった時間でもあり、沿線に影響がある。騒音を出さない機械の開発を望みたい。〔20〕

〔空き地になっている移転跡地を〕年に3回〔JRが除草をする〕と言われたが、〔中略〕草がすぐ生えてくる。草ぼうぼうになると、ゴミが捨てられるんですよ。結局私ら〔=住民〕が刈ったんですが、ゴミが汚いんで、やむを得ず。〔21〕

これらはいずれも現在の被害を訴える語りである。沿線地域にはいまだ解決されざる問題や新たに生じた問題が山積しており、しかもそれに対するＪＲの対応が十分ではなく改善が必要であることを訴えている。こうして毎年、現存する被害を繰り返し訴えることによってＪＲの対応を引き出すのであり、裏を返せば、こうした被害の訴えをしておかないと被害が無いことになりかねないのである。そしてこのような語りの傾向は、行政との協議の場でも同様である。

行政との直接対話における被害の語り

ＪＲと年に一度の直接対話の機会があるのと同様に、原告団・弁護団は行政とも年に一度、フォーマルに直接対話の機会を有している。この場合の行政とは、名古屋市、愛知県、環境省、国交省である[22]。名古屋市および愛知県とは、名古屋市内および愛知県内の環境運動団体による「健康と環境を守れ！　愛知の住民いっせい行動」の一環として、行政と直接対話する機会が毎年８月に設けられており、名古屋新幹線公害の原告団・弁護団もこれに参加している。名古屋市、愛知県の担当者とそれぞれ日程を設け直接協議を行うことになっている。環境省および国交省とは、毎年６月の「全国公害被害者総行動」の際に、全国から集まる公害反対運動や被害者運動の団体の一つとして交渉を行う。いずれも、時間にして１時間程度であり、管理職をはじめとする担当者１～５名が臨席する。ＪＲの場合と同様に、原告団・弁護団が事前に提出した申し入れ書に行政側が回答する形で協議が進行する。

これら行政との直接対話の場でも、語られるのは、現在も続く被害の深刻さである。たとえば、原告団団長のAさんは、ＪＲへの訴えと同じく次のように語る。

〔騒音・振動について〕私は新幹線から18ｍのところに住んでいる。おかげさんで1階は振動もだいぶ楽になった。騒音も下り方面は楽になった。2階は、いまだにガラス窓の風圧というのか、上り方面の列車が通るときに2階にいると揺れるのです。ガラス窓がガタガタいう。揺れるんです。いつもお願いしているのですが、私は2階で寝ることはできないんです。やかましいし、地震のように揺れるんです。〔23〕

こうした被害の訴えに加えてなされるのが、ＪＲへの指導や監督をより厳格にすることを求める発言である。たとえば、昼間の事故や自然災害で新幹線が止まったり遅延した際に、それを取り戻すべく深夜に通常速度での走行がされることについて、原告団は次のように訴えている。

〔２０２１年7月の熱海の土砂災害の時には〕深夜1時半、台車破損事故の時は3時くらいまで走っていた。２００㎞／ｈの通常速度です。ＪＲとしては乗客をいち早く目的地へ運ぶという目的があるかと思いますが、沿線に住む住民としては、仕事で帰って疲れた体で寝る時間帯、ちょうど一番寝入り込む時間帯。この規制としては環境省、国交省が運行に関する規約、基準を作ってもらわねば、いつまでたっても改善されない。〔24〕

沿線住民のことを考えれば、通常速度で突っ走る、これは理解できない。沿線住民のことを考えたら、多少は減速するとかそういうことがあっても然るべきなのではないのか。［中略］いつも言うように、沿線住民は逃げられない。［深夜走行は］たまにしかないといっても、たまにが続くわけですよ。［中略］それを放置している国交省は無責任極まりないと私は思います。[25]

名古屋市や愛知県に対しても同様に、現在の被害に関する語りに続いて、より積極的な介入を求める発言がされている。こうして、行政に対しても、ＪＲへの場合と同様に、今なお沿線地域に残る深刻な被害が訴えられ、問題が未解決であることについて念を押す姿勢がうかがえる。その背景には、次節で述べるように、行政側の担当者が短期間で交代するという事情がある。行政側の引継ぎの程度には差があり一概には言えないものの、これまでの苦い経験から、原告団は新任者の新幹線公害への認識を不安視する。ゆえに、行政との対話の場では、新幹線公害の被害の現存を知らしめるための語りを、原告団は繰り返さなければいけないのである。

内輪での語り

前述したように、原告団・弁護団は毎月、世話人会を開き、ＪＲや行政への対応を話し合っている[26]。毎回、各学区の代表（世話人）5～6名が集まり、19時から2時間程度にわたって行われるが、そこは気心知れた仲間内で雑談混じりのさまざまな会話が飛び交う場でもある。そしてそうしたなかでふと、ＪＲや行政への複雑な心境が吐露されたり、運動への本音が口をついて出たりするのである。

たとえば、ＪＲに関して、あるときには「よくやってはいる」、「前よりは良くなった」というように、騒音・振動対策を肯定的に評価する会話がされる。だがその直後には、「こっちが運動やめたら、向こうは何しよるか分からん」というように、信用しきれない、油断できないという評価も口にされる。原告団にとって、和解後の30数年間は、ＪＲを監視し続けた過程であると同時に、沿線の環境改善という共通の目標を達成するためにＪＲと協働してきた過程でもあった。原告団はその過程を自らの活動の意義と位置づけ、ＪＲにも一定の評価をしている。だがその一方で、行政と同様にＪＲ側の担当者も数年で入れ替わり、特に近年では訴訟当時のことを知らない担当者と協議をしなければならないうえ、沿線地域に新しい問題が何度も浮上するなど、ＪＲの対応は原告団にとって決して満足できるものではない。世話人会での会話にみるＪＲへの相反する評価は、原告団とＪＲとの関係が信頼関係と緊張関係との微妙なバランスの上に成り立っていることを物語っている。

同様に行政（名古屋市）に対しても、「移転跡地についてよくやってくれている」との評価が口にされる一方で、「担当者が変わったら、またどうなるかわからん」というように完全には信頼しきれないでいる、揺れる評価が世話人会での会話から読み取れる。行政の対応の良し悪しは属人的であること、すなわち担当者が変わればそれまでの好意的な対応が一変しうることを、原告団はこれまでに繰り返し経験してきた。しかも担当者は２〜３年で入れ替わり、部署によっても対応が異なることから、行政との関係も信頼関係と緊張関係との両義性を有しているのである。

こうした運動の相手方への評価に加えて、世話人会での雑談で吐露されるのが、運動の大変さや運動継続への不安である。たとえば、「もう歳だで、身体がえらい（つらい）」、「家族の介護もあるで」というように、高齢化にともない運動を担うことが困難になりつつあることをこぼす会話が、世話人会の場では繰り返し聞かれる。そしてそのように大変な思いをして活動しているにもかかわらず、周囲からは〝終わったこと〟とみなされていることを「みんなもう［新幹線公害のことを］忘れとる」、「近所の人に『まだやっとるの？』っていわれた」と嘆く。さらに、ＪＲや行政を完全には信用できず今後も運動を継続させなければいけないこともあわせて、「こんなに長くかかるとは」、「いつまで続けられるか分からん」というように、運動継続への不安をのぞかせる会話も繰り返し聞かれる。しかも、これら弱音の吐露ともいえる発言は、対外的には決して語られることはない。内輪での、ふとしたタイミングで漏れ出てくる、本音なのである。そして、こうして内輪でのみ弱音が吐露されることの背景には、運動は強くあらねばならない、不安や弱音を表に出すべきではない、という規範の存在の可能性を指摘できる。

4　新たな語りの場としての「語り部」活動とその両義性

新たな語りの場としての「語り部」活動

前節でみてきた、係争中または和解直後から存在してきた語りの場に対して、近年新たにできた語りの場が、名古屋市の環境教育の一環として行われる「語り部」活動である。これは、名古屋市環境局が企画・運営する事業で、名古屋市で発生した公害の記憶を継承するという目的が掲げられている。そしてそのために、市内の小学生を対象として、公害被害者が「語り部」を務めている。ここでの公害被害者とは、名古屋新幹線公害訴訟と名古屋南部大気汚染公害訴訟、それぞれの原告だった住民である。2017年の試験的実施に続いて2018年以降、本格的に取り組みが継続されている。名古屋市内の小学校5年生の1、2クラスが名古屋市環境学習センター「エコパルなごや」を訪問し、職員による説明を受けた後で20分程度「語り部」の話を聞くことになっている[27]。

「エコパルなごや」には、環境に関するテーマごとの展示スペースが設けられており、生物多様性、ごみ減量、地球温暖化防止などと並んで、名古屋市内の公害問題のコーナーも設けられている。そこには公害反対運動時の資料も展示されているほか「語り部」コーナーも常設されており、名古屋新幹線公害については、原告団団長Aさんの語りを編集した映像が約6分間流れる仕組みになっている。

本節では、この語りの映像と小学生への「語り部」の様子をもとに、制度化された語りの場で何が語られるのか、または語られないのかについて検証していく。

「語り部」での被害の語り、運動の語り

映像で確認すると、Aさんによる約6分間の語りは、内容的に大まかに次の5パートから構成され

ており、各パートの時間配分には偏りがある。これは、実際の小学生への「語り部」の際の内容構成や時間配分と概ね重なる。まず（1）新幹線開通以前の地域環境の豊かさについての語りが45秒ほど、次に（2）新幹線開業直後の深刻な被害についての語りが約2分、（3）訴訟を通じた運動の展開に関する語りが約1分30秒、さらに（4）環境の改善についての語りが約30秒、最後に（5）環境を守ることの大切さ約30秒、という時間配分である。このことから、開業当初からの騒音・振動の被害についてと、それに対する原告団のたたかいとその成果についてとを語ることに特に重点が置かれていることが分かる。

このうち、（2）新幹線開業直後の深刻な被害については映像では次のように語られ、騒音と振動がいかに想像を絶するものであったのかが語られている。小学生相手の「語り部」においては、抑揚をつけ声色を変えつつ、身振り手振りも交えて、さらに表現豊かに被害が語られる。

よく遊び友達が家へ来ますと、新幹線が通ると初めてですので、みんな腰を上げてですね、びっくりして「A君、地震だぞ！」ということで声を上げて。「えらいとこに住んどるんだなあ」と［言われた］。

ここでの〝地震と間違える〟というエピソードは、小学生への「語り部」でも語られる。ことさら児童の印象に残るようであり、事後に寄せられる「語り部さんへのメッセージ」のなかで、複数の児童がこの点に言及している。他にも、一日中ひっきりなしに、そして365日止まることなくもたらされる騒音と振動が、沿線住民にとっていかに苦痛であるのかについても、小学生にとっては話を聞くまでは思いもよらず、それゆえ強く印象に残るようである。

（3）住民運動の展開やそれによる（4）環境の改善についても映像のなかでは次のように語られ、原告団の努力とともに、ＪＲの取り組みにも一定の評価がなされている。

何とか少しでも今よりも住みやすい、住みよい環境に近づけるチャンス［だった］。［中略］［差し止めは認められなかった］けれども、認められないからといってそれでは負けない［＝終わらない］という意志が、皆さん強かったと思います。

［ＪＲが］だいぶ努力してくれたなということは、感じられます。体で耳で、はい。［中略］改善は改善で到達点ではないですけども。［中略］大変、［ＪＲの］担当者も心を使って、快くいろんな問題は努力してくれてはおります。

加えて実際の「語り部」では訴訟当時の苦労も強調される。

ここで断っておきたいのは、Ａさんは訴訟当時、仕事の都合から単身赴任で名古屋を離れていることが多く、運動への参与も限定的であったことである。このことから、仕事を休んだり都合をつけて運動を担っていた人びとや、仕事で出てこられない夫に代わって活動の現場に出てきていた女性たちに対して、Ａさんはことさらに敬意の念を有している。それゆえ、当時の運動の大変さや、それを乗り越えて勝ち取った成果に対する思い入れが強く、それらを強調する語りになっていると考えられる。

こうして、過去の被害や運動について重点的に語られるのに対し、現在も続く被害やそれゆえ〝やめるにやめられない〟運動という苦労は、後景に退く傾向にある。全く言及がないわけではないものの、現在の被害については〝環境を守ることの大切さ〟という文脈に引き付けた、やや抽象的な語りとなる。環境を守るには人びとの不断の努力が欠かせない、といった具合にである。

問題克服のストーリーへの志向性とその脱却

前項で確認したように、「語り部」活動においては、中心となるのは過去の被害や運動の成果についての語りであり、現在の被害についての語りは極めて限定的である。このことは、JRや行政との対話の場で現在も続く被害の深刻さが強調されることとは対照的である。こうして、「語り部」においては、過去の被害の深刻さと運動の成果を強調することで、「現在享受できている良好な環境の裏には、人びとの闘いの歴史があった」という克服のストーリーが展開されているのである。そしてこうしたストーリー展開は、決して語る側が単独で行っているわけではない。

「語り部」を活用した環境学習の際には、名古屋市から対象児童に資料が配布される。「語り部」を担当する原告団メンバーも、当然、その資料を手にしているが、そこには次のように記されている。「公害を未来に語り継ごう!」「公害の様子やその当時の思いについて語り部さんが話してくれます」と[28]。このフレーズに特段の意図があるわけではないのかもしれない。だが、読んだ側は、〝公害は過去のもの〟というメッセージを受け取りかねない。「語り部」としても、このフレーズから無意識のうちに、行政の（あるかどうかは分からない）意図を汲み、行政が掲げる環境学習の目的を想定し、それに沿った語りを展開する傾向にある。とりわけ、過去の運動に対する敬意の念が強く運動の成果を強調するがゆえに、現在も残る被害については言及が少なくなるAさんにおいては、〝公害は過去のもの〟とする克服のストーリーとの意図せざる共振が起きやすいと考えられる。

とはいえ、「語り部」活動での語りは完全に固定化されているわけではなく、回を重ねるごとに少しずつ変化もしている。世話人総会の席で、Bさんは自身の「語り部」活動について次のように述べている。

公害は〝もう終わった〟ことじゃなくて、現在もあるということも伝えなければね。努力してないと、環境はすぐに悪化しちゃうって。［29］

すなわち、現在享受できている良好な環境の裏には人びとの闘いの歴史があったという克服のストーリーとはまた異なり、現在も公害は続いており、それに対する運動も続けられているからこそ、沿線では最低限の環境は保たれているとして、不断に努力し続けなければいけないことを伝えようというのである。何もせずにいれば環境は悪化するということ、現在も公害の被害があり環境には改善の余地があるということ、そしてそれゆえ自分たちは現在も運動を続けているということを語りたいとBさんは思っており、そこには、問題克服のストーリーからの脱却の可能性を見出す事が出来る。果たして、Bさんのこの試みは少しずつ児童にも届き始めている。語りを聞いた後に児童が寄せた

「語り部さんへのメッセージ」には、次のような感想が並んでいる。

幸せに、または楽に暮らせている人の一方で、公害に未だに苦しんでいる人がいるということを知り、その人が僕だったらと考えるとゾクゾクします。[30]

新幹線などの鉄道は移動手だんとしてはとても便利だけど、騒音や振動で被害を受けている人たちがいることを知って、いつかそういう公害がない、みんなが健康に平和にくらせる国になるといいなと思いました。[31]

確かに、騒音・振動の被害を過去のものと理解して書いたと思われるメッセージは、いまだに一定数寄せられる。だがその一方で、ここ1、2年は、右記のように、公害問題やその被害を現在も続くものとして理解しているメッセージが寄せられるようになりつつある。

5 おわりに――多元的な語りのために

ここまで、名古屋新幹線公害問題における被害と運動の語りを、語りの場に沿って確認してきた。2節で示したように、名古屋新幹線公害問題では、現在も活動を続ける原告団コアメンバーが減少しつつあり、そうした少数のメンバーに活動の負担が集中している状態である。しかも、そのようにして続けられている現在の活動の存在が、世間一般だけでなく沿線地域においても認知の程度が低く、ひいては過去の運動の記憶までもが、沿線地域においてですら風化しつつある。そしてそうした事実を突きつけられることも、原告団コアメンバーにとっての精神的な苦痛となり、公害の被害は増幅する。

このような被害や運動については、対原因企業、対行政、メンバー同士、「語り部」活動といった語りの場が存在し、それぞれの場では、語りの重点が少しずつ異なっていた。そしてそれは、それぞれ異なる社会的承認の希求を反映した結果であった。JRおよび行政との対話の場では、現在も深刻な被害が続いていることを訴える語りとなっており、それは現在の被害への社会的承認を得るための語りであった。世話人会での内輪の会話では、被害に関する語りではなく運動のつらさや不安の吐露が聞かれた。「語り部」活動においては、過去の被害の深刻さとその改善に寄与した自分たちの運動についての語りが中心となっており、それは過去の被害への社会的承認と、原告団の活動に対する社会的承認とを得るための語りである。

このことから、名古屋新幹線公害問題をめぐっては、（1）現在の被害への社会的承認と、（2）過去の被害に対する社会的承認と、（3）原告団の活動に対する社会的承認という、3通りの社会的承認が求められていることが分かる。原告団としては、いずれも重要な社会的承認であり、同時に訴えたいところである。だが、現在の被害を強調することは、ともすると原告団のこれまでの活動の成果を否定することにもなりかねない。すなわち、（1）と（3）を同時には希求しにくい状況にある。

このため、これまで「語り部」活動においては、（2）と（3）を優先させ、（1）については控えめに語るにとどめていたのである。

言い換えれば、「語り部」活動においては原告団にとって理想的な〝運動の終《しま》い方〟が語られていたことになる。すなわち〝苦労して運動した結果、公害問題は克服された〟という終い方である。だが、これまで見てきたように、現実はそうなっておらず、これからもそうはならないことは明白である。新幹線沿線では、騒音・振動発生源との共存が今後も続くのである。それにもかかわらず、環境学習というフォーマルな場では、公害問題は〝上手に〟終《しま》われていく。しかも「語り部」を務めることで原告団コアメンバー自身が、公害問題の〝上手な〟収束に意図せずして寄与する状況が発生している。ただし前節でみたように、原告団のなかには、〝克服のストーリー〟に抗うような動きの兆しも見えつつある。「語り部」の語りは、決して固定的ではなく、語り手によって、時間の経過によって、変化しうる。そのような流動性のなかで、現在、原告団コアメンバーたちは、（1）現在の被害への社会的承認と（3）原告団の活動に対する社会的承認の双方を同時に希求しうる語りを模索している。

「語り部」は、ときに、環境学習のマスターナラティブとは矛盾する被害や運動の実態を語りうる。語りは時間の経過によって変化しうる。語りの制度化は、この2点を許容する仕組みや仕掛けを備えていることが望ましい。その観点から言えば、ある時点での語りを切り取って収録しその映像を放映し続けるという方法は、語りの流動性を反映しにくいため、留意が必要なのかもしれない。確かに、公害被害者は高齢化しており、10年後、20年後に語り手がいるかどうかという懸念は大きい。それへの対応として、存命のうちに被害者の語りを映像にして残しておくことは有効な手段であろう。だが、とくに被害との共存が続きそれゆえ運動も続いているような公害問題の場合、被害や運動の様相は変化しうる。そうした変化を語りに反映させるには、たとえば、さまざまな立場の複数の被害者からの語りを記録しておいたり、過去の被害や訴訟を直接体験していなくとも現在の被害を語ることができるような次世代の語り手を育てていくことが、語りの制度化には求められよう。

注

[1] たとえば、大阪空港訴訟として争われた大阪国際空港（伊丹空港）をはじめとして、各地の空港の騒音問題や、自衛隊基地、米軍基地周辺の騒音問題などが代表的な例として挙げられる。

[2] 本節は、青木（2020）の第2節、第3節を大幅に加筆修正したものである。

[3] 厳密にいえば、騒音・振動による被害は、開業以前から、すなわち新幹線高架工事開始（１９５９年）の時点からすでに始まっていた。開業後に限定すると、名古屋新幹線公害訴訟原告団（1991）や名古屋新幹線公害訴訟弁護団（1996）によれば、軌道近くの騒音は80 dB（デシベル）から90 dBに及び、鉄橋付近では１００dBを超える場合もあった。80 dBは走行中の地下鉄車内の音に匹敵する。軌道から離れるに従って騒音は減少するものの、１００メートル離れた場所でも65 dBを超えていたという。振動は軌道近くでは70 dB（震度２の地震に相当）を超え、１００メートル離れても60 dB（地面に立ってゆれを感じる）を超える場合が多かった。沿線住民は、毎日、早朝６時台から深夜23時台まで、５～７分おきにこうした騒音・振動に絶えずさらされ続けた。「イライラする」などの精神的被害、頭痛や「胃腸の調子がおかしい」、血圧の上昇などの身体被害、睡眠障害、「家族の会話がままならない」などの日常生活への支障、家屋の損傷などさまざまな被害が報告されたほか、疫学調査では自律神経失調の傾向が報告されている（名古屋大学新幹線公害研究グループ編 1972：中川 1975,

1979）。

［4］ 名古屋でのみ裁判が提起されるに至った要因として、名古屋新幹線公害訴訟弁護団（1996）は、この地域の人家密集性と地盤の軟弱性とにより被害が深刻かつ広範なものであったことを指摘している。こうした被害の深刻さに加えて、名古屋大学医学部公衆衛生教室の研究グループなど専門家による調査や支援、四日市公害訴訟に関わった若手弁護士たちの強力な後押しも、当該事例において個別の住民運動が訴訟へと発展した要因として挙げられる。なお、尼崎の反対運動に関しては、大門（2008）が、２０００年代以降の展開までを追っている。

［5］ 名古屋市は、１９７６年から5年おきに、市内沿線60ポイントで騒音・振動の測定を行ってきた。和解成立の１９８６年以降は、沿線に六つの監視地点を設け毎年定期的に騒音・振動を測定している。原告団とＪＲとの協議の際にはこの定期監視測定の結果が用いられている。

［6］ 和解協定には、「名古屋七キロメートル区間において屋外騒音と振動の現状を悪くしない」とのＪＲの方針が明記されている（現状非悪化の原則）。これに従えば、たとえばある年に騒音値が68dBだった地点では、翌年以降も68dBかそれ以下とならなければいけない。だが、実際にはそのようになっておらず、68dBだった騒音値が翌年に69dBや70dBに上昇するなどの事態が起こっている。原告団はこれを現状非悪化の原則の不履行として問題視する。

［7］ 原告団顧問の中川武夫さんへの聞き取り調査（２００８年11月25日、２００９年8月11日）や弁護団の高木輝雄さんへの聞き取り調査（２００８年12月12日）による。

［8］ たとえば、２００７年の協議の際に、ＪＲの担当者は「振動については決定的な研究成果が出ていない。引き続き当社の研究所で主要なテーマとして研究を重ねているところである」と発言し、続く２００８年の協議では「振動対策に関しては昨年と同じである」と回答している。２０２０年代になっても、同様の回答が続く（原告団・弁護団の議事録より）。

［9］ 係争中だった１９７４年、国鉄は原告居住地域については軌道の左右20メートルの買い上げ案を発表し、

これに応じた沿線住民は移転補償を受け入れ当該地域を離れていった。その跡地が名古屋七キロ区間内に１１０箇所点在する。一部は地元町内会が公園や防災倉庫などとして利用しているが、それ以外は空き地となっており、地域に空き地が虫食い状態で点在している。

[10]　これらについて、詳しくは青木（2009, 2020）を参照されたい。

[11]　たとえば、原告団コアメンバーのDさんは次のように語る。「時間的なやりくりがつかない。例えば、納期が迫っているのに出かけるわけにはいかないっていう、そういうことですね」（岩田 2018：65）。また、同じくBさんは「金銭的な問題、時間的な問題、ある程度こういう長い活動することに関しては必要な問題点ではありますね。家庭を大事にするか。仕事を大事にするか。新幹線［の活動］を大事にするか。悩みましたね」と語る（橋本 2018：34）。

[12]　たとえば、原告団コアメンバーのFさんは孫の世話をしながらの活動について「孫まで夜［の世話人会に］連れていってたけど、学校入るもんで、夜遅く8時も9時近くも会合に引っ張っとるわけにもいかん」と語る（陳 2018：82）。

[13]　２００９年12月５日の世話人総会資料より。

[14]　２０１７年9月12日に行った原告団団長Aさんへの聞き取り調査の結果による。

[15]　この経験について、前掲のDさんは「移転すると、すぐ『国鉄からもらったな』と思う人もいるわけです、すぐにね。だから［移転ではなく引っ越したときに］、『移転したの、いくらもらったの』みたいな言いに来るそういう人がいたんですよ。『私はそんなことは絶対にしないから』って言ってね。［それでも］『んなことないでしょ』［って言われた］」と語っている（岩田 2018：61）。

[16]　前掲のFさんの語りより（陳 2018：83）。

[17]　例外的に原告の家族に加わってもらうことはこれまでもあったが、子供世代は実家を離れていることが多かったり無関心だったりと、活動に加わってもらうことが実質的に難しい状況にある。

[18]　２０１２年度までは毎年12月に行われていたが、２０１３年度以降は3月に開催されている。

[19]　２０２１年３月10日のＪＲ交渉での原告団団長Ａさんによる、新幹線走行にともなう騒音・振動に対する発言（原告団・弁護団議事録より）。［　］内は、筆者による（以下すべて同じ）。

[20]　２０２０年３月４日のＪＲ交渉での原告団Ｂさんの発言（原告団・弁護団議事録より）。

[21]　２０２０年３月４日のＪＲ交渉での原告団Ｃさんの発言（原告団・弁護団議事録より）。

[22]　これらのうち名古屋市（特に環境局）とは日常的に文書やメールを通じてコミュニケーションしている。名古屋市の担当者が世話人会の前後に説明や依頼をしに直接会いに来ることも年に数回ある。

[23]　２０２１年７月21日の環境省との交渉での発言（原告団・弁護団議事録より）。なお、この年の協議は新型コロナウイルス感染症の感染拡大の影響で、対面ではなくリモートで行われた。

[24]　２０２１年７月21日の環境省との交渉での原告団Ｂさんの発言（原告団・弁護団議事録より）。傍点は筆者による。

[25]　２０２１年７月21日の国交省との交渉での、原告団顧問中川武夫さんの発言（原告団・弁護団議事録より）。傍点は筆者による。

[26]　筆者は２００８年12月からほぼ毎月、世話人会に臨席させてもらっている。

[27]　２０１８年度には15校で７９０名の児童が「語り部」の語りに耳を傾けた。２０１９年度も同等の規模であったが、２０２０年度、２０２１年度はコロナ禍の影響で、実施回数はいずれも８回に減少した。

[28]　名古屋市作成の環境学習のための児童への配布資料より抜粋。

[29]　２０２２年２月27日に千年コミュニティセンターで行われた世話人総会時の発言より。

[30]　２０２１年度にＢさんに寄せられた小学校児童のメッセージより抜粋。傍点は筆者による。

[31]　[30]に同じ。

参考文献

青木聡子（2009）「公害経験地域に残された問題と当事主体の取り組み —— 名古屋新幹線公害問題の『その後』

を事例に」『名古屋大学社会学論集』30：101–122.
――――（2020）「公害反対運動の現在――名古屋新幹線公害問題を事例に」『社会学研究』104：63–89.
青木聡子研究室編（2018）『名古屋新幹線公害を生きる――原告・支援者たちのライフヒストリー』（２０１７年度社会調査セミナー４報告書）名古屋大学社会学講座
岩田七星（2018）「一緒にもっと力を合わせて――Aさん」青木聡子研究室編『名古屋新幹線公害を生きる――原告・支援者たちのライフヒストリー』（２０１７年度社会調査セミナー４報告書）名古屋大学社会学講座 59–72.
関礼子（2016）「被害の社会的承認と修復的ポリティクスとしての『対話』」関礼子ゼミナール（編）『阿賀の記憶、阿賀からの語り――語り部たちの新潟水俣病』新泉社 208–219.
大門信也（2008）「新幹線振動対策制度の硬直性と〈正当化の循環〉」『社会学評論』59(2)：281–298.
陳天セン（2018）「女はね、家庭のことしか考えとらんもん――Cさん」青木聡子研究室編『名古屋新幹線公害を生きる――原告・支援者たちのライフヒストリー』（２０１７年度社会調査セミナー４報告書）名古屋大学社会学講座 73–87.
中川武夫（1975）「新幹線公害と地域住民」『公衆衛生』39(3)：150–154.
――――（1979）「新幹線騒音・振動による住民被害」『技術と人間』8(7)：52–60.
名古屋新幹線公害訴訟原告団（1991）『静かさを求めて二五年――名古屋新幹線公害たたかいの記録』東海共同印刷
名古屋新幹線公害訴訟弁護団（1996）『静かさを返せ！ 物語・新幹線公害訴訟』風媒社
名古屋大学新幹線公害研究グループ編（1972）『新幹線公害（第二版）』名古屋大学医学部公衆衛生教室
橋本洋治（2018）「義務感ですね、やらなくちゃいけないっていう――Bさん」青木聡子研究室編『名古屋新幹線公害を生きる――原告・支援者たちのライフヒストリー』（２０１７年度社会調査セミナー４報告書）名古屋大学社会学講座 27–38.
船橋晴俊・長谷川公一・畠中宗一・勝田晴美（1985）『新幹線公害――高速文明の社会問題』有斐閣

コラム1

ある「市民主体」の活動におけるオラリティ

渡邊　登

ここで取り上げる再生可能エネルギー発電事業を中心とする市民活動（ここでは仮にGroupWe（略称GW）とする）は、今年で10年近くなる（会員数約180名）。現在まで2期にわたる太陽光発電事業に取り組み、その発電量は約3100世帯相当に達している。「環境教育」、「エコ・ツーリズム」、「政策提言・まちづくり」が日常活動の柱となる。

はじまりは2011年3月11日東日本大震災による福島第一原発事故（以下、原発震災）に向き合った多くの人々が共通に抱いた危機感、そしてその危機意識に基づきつつも、新たな時代を切り開くことができるという確信を抱かせる場の形成だった。

2014年1月から2回の勉強会、さらに4月から9月のキックオフイベント開催に至る僅か6ヶ月の間に19回の準備会を重ねて、（一部を除いて）お互いにほぼ面識のない人々によって活動基盤が作り上げられた。

準備会メモに「互いに言いたいことは我慢せず、だが排除をしない仲間づくりをしていく」とあるように、それぞれが対等な立場で異論を排除せず徹底的に納得のいくまで討論を行うことが必要という認識が共有される。「なぜ参加しようと思ったのか、何を実現させたいのか、準備会メンバーの結束をさらに強める場にする」ことを再度確認する作業が行われた。たえず、それぞれの原点・出発点に立ち戻り、意思を相互に確認し、連帯感を高めていく作業がすすめられていった。準備会はまさに熟議の場として機能していたのである。

「GWの立ち上げも、おそらく似たような形で、まあ勉強会に参加して、ああ、こういうことを思ってる人がいっぱいいるんだっていうの、こう、自分の目で見て話を聞いて、実感できたからたぶん、自分もやってみようっていうふうになるんだと思うんですよね。」[1]

（2017年11月30日理事Aさん）

彼は当時の自らのモチベーションの高まりを説明するのに「おそらく」とか「たぶん」とか、やや距離を置きつつ語った。それでもそのときの高まりは忘れない。

「周りがどうしたいのかっていうのを、こう聞きながら、じゃあ自分が何ができんのかとか、自分がこうしたいのに、どう組み合わせるのかっていうのを、考えるようにしてくと、なんか燃えてきますね。あ、これとこれってこうつながるから、もしかしたらこういう可能性があるんじゃないかとか、じゃあそのためには何をしなきゃいけないのかっていうのを、こう、考え、うん。なんか考えられるようになってきました。」（同）

ＧＷは、既に活動を行ってきた運動体が原発震災に対する取り組みとして展開させたものではなかった。確かに、ＧＷの枠組み自体は行政の「市民主体の仕掛けをつくる」という政策上の思惑で進められてきたが、そこには「市民主体」としての多様な役割を果たす存在なくして成立は不可能であった。ほとんど面識のない人々がこの「原発震災」に対して危機意識をもち、節目節目で必要な役割を果たす主体が新たに登場した。

例えば、事業化を実現するための事業主体の枠組を決め、そして実現可能な事業スキーム構築を進めていくが、肝心の発電工事事業者にツテがなかったＧＷに発電事業者のＢ氏を紹介したのはキックオフ以降に参加したメンバーだった。Ｂ氏は、自らの企業の利益だけではなく、ＥＳＧでいうＥ（Environment）環境とＳ（Social）地域社会への積極的貢献を希求しており、彼は「おらって」のメンバーとして毎回の定例会・事業ミーティングにも、その専門的立場から積極的に参加していたのである。

さらに、事業化に際して問題となるのは資金調達だった。何の担保もない、事業実績のない市民団体に何億もの資金を貸し出す金融機関は皆無といって良い。ところが、キックオフに一市民として参加した県内最大手の金融機関の幹部職員が協力を申し出てくれ、ＧＷの顧問の役割を担うことを引き受けてくれた。彼の強い助言もあり、また当該自治体とパートナーシップ協定を締結していたことも「身元保証」となり、融資を受けることが可能となった。

このように、それぞれのそれまで立ち位置（そして属性）の異なる、原発震災に危機感を覚えた多くの人々が持てる資源を活かして、ＧＷの活動に貢献した。
私は、キックオフイベントに参加、２０１４年12月の設立時から一般会員として、２０１６年以降は運営委員（日々の活動の組み立ては役員である理事と、代表理事によって設定された運営委員会委員による）となり毎週の運営委員会、月1回の定例会、各種イベント等に参加している。
ここでの語り（オラリティ）はまさに成功物語についてのそれであり、（おそらくそこに）活動の迷いはない（まだ、なかったはずだ）。

「一応市民で集まって市民が決めてそれを事業にしていくっていう、普通の会社だと社長がこれやるぞって言ったらそれで終わりなところあるんですけど、学生がいたり主婦がいたり大学教授がいたり、その中でわいわいがやがや話してそれをやっていく、それいいと思いますね、日本中に結構自然エネルギーを増やしたいっていう団体はあるけど、市民団体とは名ばかりの数人の市民がやるぞって言ってやるところが多い中で、市民でやってると言えるかな」

（２０１７年9月20日理事Cさん）

そして、聞き手としての私も参与者として、微妙な距離を取りつつ、この物語を「共有」していることに気づく。担い手の離脱、ウチとソトの評価のズレ、耳障りな「声」の無意識・無自覚な遮断、不可視化する課題群…、この展開期においても語られぬオラリティがある（あった）ことを正直に白状しなければならない。

胎動期（準備会）の〈それぞれが対等な立場で異論を排除せず徹底的に納得のいくまで討論を行う〉作法は確かに、今でも活動の方向性を決める際の「金科玉条」とされている。しかし、それが現在では「儀式」＝アリバイとなってはいないか。なぜか提示された選択肢が結論ありきのものになってはいないか。抗いがたさがそこにはある。

今まで多くの運動体が経験してきた、そして解決困難な課題がここでも共有されている。

注

［1］　彼はＧＷの位置するＸ市（日本海側に位置する県庁所在地）に来てまもなく、フードバンクの立ち上げに参加している。

3章　歴史というコモンズを掘る
――劉連仁事件と地域史をつくる人々

関　礼子

1　はじめに――物語と歴史化と共有

人々の日常に接近し、人々の相互作用のなかから格差や不正義、人権侵害や環境汚染などの社会的現実を考察・分析するパブリック・ソシオロジーや、歴史学を人々の歴史実践――映像制作や歴史教材作成、先住民の権利訴訟なども含め――へと開いていくパブリック・ヒストリーが注目されてきている。政治的な地場に絡めとられがちな負の記憶であればあるほど、権力を持たざる普通の人々（パブリック）に関与し、彼／彼女ら（パブリック）とコミュニケーションしていく姿勢に対する要請は高くなるといえるだろう。

パブリックに開かれる語り口は、しばしば物語（narrative）の形式をとる。物語は過去を現在に生成する力である。と同時に、過去を現在に完結させることなく、未来へとつなげていく力である。物語るということ（narrative act）は「記憶せよ！」という要請であり、歴史を自己完結させずに外部のネットワークにつなげていく作業である（野家 2005, 2016）。

私たちはここで、劉連仁（1913-2000）という中国人農夫の物語の扉を開いてみよう。劉連仁と書いて「りゅうりぇんれん」と読む。彼は、政府の労務動員計画と軍命令による外地労働力吸収対策に基づき、1944年に山東省・河南省から明治鉱業昭和鉱業所（昭和炭砿、北海道沼田町）が徴用募集した200人のうちの一人であった。いわゆる強制連行である。彼は、終戦を目前に昭和鉱業所から逃走し、戦争が終わったことも知らず、北海道内を逃げまどい、1958年2月9日に当別町の山中で発見され、同年4月10日に白山丸で中国へ帰国した。

山東省の村で日本軍にとらわれ、生きて再び故郷の村の土を踏むまでの劉連仁の物語は本で紹介され（上田 1959：欧陽 1959：野添 1995）、子供向けの児童書や絵本にもなっている（早乙女 2000：しみず・おおさわ 2009：森越 2015）。1961年に発表された、561行にのぼる茨木のり子の叙事詩『りゅうりぇんれんの物語』は、集団読書テキストとして小中学校で利用され、劉連仁の名を広めることになった（茨木 1978, 2001）。

劉連仁とは何者であろう。彼は1990年代の日中の戦後遺留問題や一連の戦後補償裁判の一つのシンボルである[1]。1996年に東京地裁で始まった劉連仁の強制連行裁判を皮切りに、全国各地で中国人強制連行裁判が次々と提訴されたからである。劉連仁の物語の振り子は、ナショナルな文脈では負性を帯びた記憶と歴史の喚起へと振れがちである。確かに、裁判のなかで事実認定されたのは

「加害行為の壮大かつ精度の高いオーラルヒストリーである」（辰巳 2021：292）。

だがそれは、非難と対立のためのオラリティではなく、友好と平和のためのオラリティでもあった。このことは、劉連仁生還記念碑の建つ当別町での物語をひもとくことで明確になる。劉連仁を雪穴のなかで発見した猟師や、劉連仁が帰国時に乗ったのと同じ白山丸で引き揚げてきた女性など、当別町の人々にとって、彼は経験を共有し、かかわり、つながりあった親しい「劉さん」である。劉連仁の物語は、ローカルな文脈では「友好と平和の願い」という未来のための記憶と歴史へと大きく振れる。

負性を帯びた記憶と親しい友人の記憶、非難と対立の物語と友好と平和の物語——この両極のなかで、出来事を歴史のためのコモンズとして記憶することの意味、そして出来事に関するローカルな歴史化の実践（co-historicalization）の意味を考えてみたい。

2 強制連行・逃亡生活・帰国までの概要

戦時労働力確保と劉連仁

劉連仁は1944（昭和19）年9月に自宅近くで拉致され、10月に明治鉱業の昭和鉱業所に連行された。同社の「華人労務者就労顛末報告書」には、「政府の労務働員《（ママ）》計画竝びに軍命令による外地労働力吸収対策に基き華人労務者を移入することを指示されたので昭和一九年一〇月中国山東省竝びに河南省管内の華人二〇〇名を徴用募集して移入した」とある[2]。

中国人労働力の移入は、1942（昭和17）年の「華人労務者内地移入に関する件」についての閣議決定から始まり、1944（昭和19）年の「華人労務者内地移入の促進に関する件」の次官会議決定で本格的に導入された。日本に連れられてきた3万8935人の中国人は35企業135事業所に割りあてられた。軍需産業の労働者が戦争にかり出されて労働力不足となり、その穴を埋めるための中国人労働力の内地移入が強制連行であった。坑内作業に従事させられた劉連仁は、そこで出征を嫌がって涙をこぼしていた日本人の姿を見たという。

逃亡生活から帰国まで

昭和鉱業所での過酷な労働に耐えかねた劉連仁は、1945年7月30日に逃亡し、12年7カ月間、北海道内を逃げ惑った。

高い木や、低い竹の中を逃げ回るのは辛いことでした。どうしようもなく、自殺まで考えました。しかし、自分が死ぬと、父母も知らないし、日本軍に連れて来られて消息もわからない。死ぬに死ねなく、泣くばかりでした。

生きていくには、野草、山の水を飲んで生活しました。まるで野人の生活でした。私は、「いつ死ぬのか、生きていけるのか」それればかり考えていました。

北海道では、野獣とも戦わなければなりません。人に会うこともできません。人に会うと殺されるかもしれないと一三年間思い続けていました。

一三日間であっても、こんな生活は耐えきれないでしょう。冬になればどうすればよいのか。冬を過ごすために、海から昆布を取ってきました。穴の中には木の枝を敷いてその中で冬を過ごしました。一年毎に場所を変えました。春には、歩けない状態だったので、這って移動しました。

この一三年間、どのようにして生き延びたのでしょう。〔3〕

1958年2月9日、劉連仁は当別町の山中で猟師によって発見され、札幌に移送された。「不法残留」の疑いで出頭を命じられるなどの扱いを受けた劉連仁は、謝罪と賠償を政府に求めるが、うやむやなまま4月10日に白山丸で中国に帰国した。帰国前日の9日付で、彼は「戦争に反対し、中日両国人民の友好のために斗う決心」とともに、「日本政府に対する賠償を含む一切の請求権は、将来中華人民共和国政府を通じて行使するまで、これを留保する」という声明を出した〔4〕。

連鎖する被害・終わらない苦痛

劉連仁が厳しい労働、飢えや暴力にさらされていた昭和鉱業所について、明治鉱業の社史は次のような安堵の文章を残している。すなわち、「特記すべきことは、昭和十九年八月アメリカ人俘虜二〇〇名が平山に、同年十二月中国人俘虜一九八名（二名は12月に死亡）が昭和（鉱業所）にそれぞれ収用されて、構内外作業に従事したことである。両砿とも収用中事故もなく、戦後戦犯に問われる者もなかったことは幸いであった」（明治鉱業株式会社社史編纂委員会 1957：167. カッコ内は筆者挿入）。

他方で、帰国した劉連仁が知ったのは、稼ぎ手を失って苦労を重ねた家族のことだった。身重だった妻は劉連仁が連れ去られてから40日後に男児を出産、行方不明の父親を訪ねあてるようにという願いを込めて、「尋児」（幼名、後の煥新）と名付けられていた。妹は年季奉公に出され、弟2人は出稼ぎに出た。父は1953（昭和28）年に劉連仁の不在のショックで亡くなり、母も1957（昭和32）年に餓死していた。強制連行と長い逃亡生活で受けた肉体的・精神的なダメージで、劉連仁には帰国後に言語障害、記憶力の減退がみられた。そして亡くなるまで悪夢にうなされ続けた。

3　劉連仁と戦争遺留問題の「発見」

戦争遺留問題と戦後補償裁判

劉連仁は当別町で「発見」され、1990年代に日中法律家の交流のなかから戦争遺留問題として再び「発見」される。

1994年、中国社会科学院法学研究所からの招請で中国司法制度調査団（日本民主法律家協会が派遣)が訪中しているさなかに、永野茂門《しげと》法務大臣(当時)の南京大虐殺は「でっちあげ」発言があった。この発言に憤った調査団は直ちに抗議声明を発表した。この頃、中国では、国家間の「戦争賠償」と民衆が被った被害への「民間賠償」は異なるという法学者・童増《トン・ザン》の論文に対日民間賠償を訴える声が沸き上がっていた。これを知った調査団の小野寺利孝弁護士は、帰国後に「中国人戦争被害法律家調査団」の組織に奔走し、「中国人戦争被害賠償請求事件弁護団」を結成した。一連の中国人戦後補償裁判が、「日本国と日本人自身のための裁判」(中国人戦争被害賠償請求事件弁護団編 2005：19)という位置づけのもとに始まった。そのなかで、劉連仁訴訟は国を被告とした最初の強制連行・強制労働裁判に位置づけられた。

日本の社会問題は、実在する個人を「依り代」にして構築され、記憶されるという特徴がある。薬害HIV事件や薬害ヤコブ病事件などがそうであったように、当該問題の社会問題化にとって、顔と名前を出してカミングアウトする被害者個人の存在は大きな力であった。沖縄戦の犠牲になった生徒と教師の遺影が掲げられるひめゆり平和祈念資料館や、水俣病患者の遺影に囲まれる水俣フォーラムの「水俣展」の展示空間は、それぞれの生と生の破壊を圧倒的な力で告発してきた。

顔と名前を持つ個人は、隠ぺいの力学が及ばない領域である。劉連仁は、彼自身の特異な境遇によって、殊に教育教材にもなった茨木のり子『りゅうりぇんれんの物語』によって良く知られていた。その劉連仁が、1994年に日本の弁護士と面会し、日本で裁判を提訴できると知った。

日本の弁護士に会って私が日本で体験してきたことを話すうちに、日本で裁判をできるかも知れない、そして日本に責任を認めさせることができるかも知れないと実際に思えるようになってきました。
そして一九九五年三月に当時の外務大臣である銭其琛《チエンチーチエン》が戦争賠償に関して、中国人個人が賠償請求権を有することを否定するものではない、という内容の発言をしました。この銭外相の言葉を聞いて、私が日本で裁判を行って日本政府の責任を追及することができる、という気持ちがさらに高まりました。[5]

劉連仁は、1996年に東京地裁に裁判を提訴し、強制連行・強制労働事件の象徴として再び「発見」されることになった。既に明治鉱業は存在しなかった。そのため、裁判は国のみを被告とし、国際法違反に基づく国家の犯罪行為に対する損害賠償請求訴訟として提訴された。裁判の目的は、強制連行・強制労働の加害の事実と被害の実態を認めさせることにあった。

私に対しての謝罪と損害賠償を日本政府のほうに一応要求します。又、これをきちっとすることが日本が国際社会での意識も高めることと私は考えます。私は既に八六歳の高齢でありますけれども、この先は短い、でも私が亡くなっても、私の子供も孫もこのことについては今後解決できなければ引き続き戦いたいと思います。[6]

裁判が係争中の2000年9月、劉連仁は享年87歳で亡くなった。裁判を引き継いだ遺族のひとり、息子の劉煥新が2001年に裁判長に宛てた書面がある。

父は恨みをいだいたままこの世を去りました。1958年父が帰国してから毎年この帰国の日を記念して、家族全員が集い自らの悲惨な受難の体験を語り続けてきました。年をとるにつれてこの訴訟への願いは切実になってゆき、自らの不幸な一生について益々多く語るようになりました。私の父への尊敬は益々募り、父の遺志を受け継ぐ決意はより堅くなりました。

父の遺言に従い、実際の行動でこの訴訟を最後までやり抜き、謝罪と賠償をしてくれない限り絶対に引き下がらない覚悟です。次の世代の教訓とし、戦争に反対し、平和を守り、真の中日友好のため一生奮闘する決意です。［7］

〈事実〉をめぐるせめぎ合い

2001年、東京地裁は強制連行の事実と劉連仁の被害を認定した。戦後に劉連仁を保護する救済義務違反があったと国に損害賠償を命じ、除斥期間（時効）の適用は著しく正義・公平の理念に反するとして認めなかった[8]。地裁判決に続き、2005年の高裁判決も強制連行・強制労働という事実について、次のように明確に認定した。

当時中国山東省で家族と共に平穏な生活を送っていた劉連仁は、昭和17年閣議決定に基づく行政供出により、日本軍あるいは日本政府の強い影響力の及んだ当時の中華民国臨時政府軍の兵士によって、自らの意志に反して一方的かつ強制的に連行され、日本軍に引き渡され、青島から貨物船に乗せられて下関に上陸し、列車、連絡船、列車に順次乗せられて昭和鉱業所まで連れて来られたもので、強制的に連行（強制連行）されたものということができる。また、劉連仁の昭和鉱業所での労働の実態は、周りに高さ3メートル程の板塀が設けられた宿舎に、寮長、指導員と称する3人の日本人に監視されて中国人労働者のみが寝泊まりし、宿舎から坑口への往復にも監視員がつき、宿舎に戻ると宿舎には鍵がかけられ、外出はできず、12時間交代労働で仕事にはノルマが課され、それが終わらなければ日本人の監督から棒などで暴行されることもあり、賃金も現実には支給されないというもので、このような労働は強制労働ということができる。〔9〕

戦後の歴史認識をめぐる論争において、〈事実〉は政治性を帯びてしまい、合意形成の基盤にならない（北條 2019：73）。せめぎ合う歴史の政治のなかで、「〈事実〉とは何か」という問いが役にたたないのなら、「何が〈事実〉と見做されたか」に問いを転換することも必要である。完全に政治性を排除することはできないにせよ、裁判において認定された〈事実〉は、一定の客観性を担保する〈事実〉として、回路の切れたコミュニケーションをつなぐ結節点にすることができるはずである。たとえ、高裁判決が強制連行・強制労働の〈事実〉を認定したうえで国の法的責任を認めずに原判決を取り消し、請求を棄却したとしてもである（続く２００７年の最高裁判決は上告不受理の決定を下した）。

4　地域史のなかの劉連仁

捻じれたノスタルジーと交差する経験

〈事実〉は社会的コンテクストに依存して歴史的な意味を持つが、このコンテクストは固定的ではない。歴史的事実は「複数の出来事を結び合わせる『人間的コンテクスト』」のなかで「生成し、増殖し、変容し、さらには忘却されもする」（野家 2005：11）。当たり前に過去は修正されもする。「一つの出来事を同定しようとすれば、何を原因とし何を結果とするかをめぐって、それを確定する『視点』と『文脈』とが要求される」（同上：313）のだから、未来に向けた合意の立脚点が必要になる。

残念ながら、裁判所は「社会を正常に動かす歯車の一つ」（泉 2013：323）としての立脚点を指し示すには至らなかった。むしろ、戦後の歴史がイデオロギー的色彩を帯び、対立の火種となり、語ることがタブーであるかのような「空気」に正当性を与えたかのようにもみえる。触れると障り、障ると祟る「空気」に水を差し、「抹殺の歴史学」（テッサ・モーリス-スズキ 2014：11）を排し、パブリックな戦後史をつないでいく〝よすが〟はどこに求められるのだろうか。

ノスタルジーの語源は、戻りたい場所に戻ろうとして（nostos）苦悩している状態（algia）を意味し、戦前・戦中を美化することの根幹に戦後体制への不満、すなわち「戦争や植民地支配の否定の上に築かれた戦後体制への不満や違和感」を潜在させていると指摘されている（丸川 2006：325）。この捻じれたノスタルジーのなかで、劉連仁の物語は「中国人が冷戦を克服する道筋において味わった挫折（賠償の放棄という挫折）」（同上：332）とも評価される。

事実上、劉連仁の事件は、五〇年代まで続いた引揚の記憶と交差することもなく、また戦後賠償（補償）にかかわる問題意識としても主流の声にならず、それだけが孤立した特異な事件としてのみ関心を持たれてしまった。劉連仁の発見にかかわる衝撃は、日中友好協会や中国帰還者連絡会など、中国との友好を目指す団体においてはもちろん好奇心の対象でなかったことは、その後の劉連仁裁判への献身という形を通じて確認されるところである。しかしこれまでのところ、劉連仁の苦難や苦闘は日本人の主流の記憶とは交差し得ないでいる。その要因として、本人自身が再び日本の土を踏むことができたのも、九〇年代に入ってからのことであったという事実なども挙げられよう。劉の声は、冷戦によって隔てられていたのである。（同上：333）

隔てられた劉連仁と交差し、劉連仁の物語を共有するようなプラットフォームが、パブリックな歴史の沃野を広げるために必要である。このプラットフォームにかけるフックをローカルな物語のなかに見出していこう。

劉連仁さんを当別に迎える会

劉連仁は1991年、33年ぶりに、日本のテレビ局の招きで日本を訪れていた。日本の弁護士に会う2年前である。昭和鉱業所の跡地を訪問し、日本政府に謝罪と賠償を求めた。そしてまた、雪穴のなかで発見された当別町の材木沢を訪れた。当別町では、兎狩りで材木沢に入って劉連仁の雪穴を発見した袴田《はかまだ》清治、翌日に警官とともに劉連仁を保護した木屋《けや》路喜《じ》一郎をはじめ、「劉連仁さんを当別に迎える会」が出迎えた。

実は、「劉連仁さんを当別に迎える会」は、この訪問がわかる以前の1990年に材木沢の住民を中心に設立されていた。会の発起人である材木沢の山崎幸は、よそから移り住んだ女性であった。自身も日本に引き揚げてきたときに乗船した白山丸で劉連仁が帰国したことを知り、劉連仁発見の経緯に関心を寄せた。袴田ら地域の関係者から聞き取りをし、劉連仁の連絡先を探し出した。

劉さんが、現在、中国山東省におられることを知ったわたしたちは、袴田さんを中心に、ぜひ「劉さんを当別に迎えよう」という話になりました。

今春、袴田さんから劉さんに手紙を出したところ、「いま、わたしは家族とともに元気にくらしています。今まで何度か日本に来ないか、というお誘いもありましたが、お断りしてきました。しかし、袴田さんからお手紙をいただき、ぜひお会いしたいと思っています。お招きくださるなら息子とともに行くつもりです」という返事がきました。劉さんもすでに七十八才、この期を逃したら二度と劉さんの言語に絶する体験をお聞きすることができなくなってしまうでしょう。[10]

袴田に宛てた手紙には、劉連仁もまた袴田の所在を尋ねていたことが書かれていた。袴田は「山の中の穴生活にピリオドを打」ってくれた「恩人」であり「特別な友人」で、「早く会いたい」とあった[11]。しかし、秋が深まる頃に劉連仁から訪日できないという手紙が届いた。

心のうちでは一日も早く皆さんにお逢したく思ってますが気候も寒くなり、又私も79才の高齢で、その上、体の状態もあまりよくなく訪日することが出来なくなりました。[12]

劉連仁を迎えることを半ばあきらめかけていたが、テレビ局の取材で渡航が決まり、町長の協力も得て劉連仁を当別町に迎えることになった。1991年10月22日、当別駅で町民の出迎えと歓迎の言葉、材木沢で関係者との再会と交流、劉連仁の逃亡生活と再訪を記念した碑の建立のための鍬入れ、その後町長を表敬訪問して町の会議室で歓迎の交流会を開催する案内文書には、「過去を忘れ、経済力のみで友好を得ようとしても、真の国際交流へのみちは険しいといわなければなりません。国民の相互理解のうえに築かれる交流が、世界平和のいしづえとなるものと信じます。当別の地で、友好のきずながさらに深く結ばれることを願って、町民のみなさんにご協力を心からお願いするしだいです」と書かれた[13]。

劉連仁生還記念碑の建立

1998年には「劉連仁生還記念碑建立世話人会」が発足し、2002年に記念碑の除幕式が開催された。碑文には劉連仁と当別町との交流の過程が刻まれた。

時を経て、発見者の袴田清治氏、保護にあたった木屋路喜一郎氏らの招きにより、一九九二《ママ》年、一九

劉連仁生還記念碑（2002年建立）（写真提供：田中貴文氏）

九五年、一九九八年の三回にわたる氏の訪町が実現しました。この交流の中から日中両国の友好と平和への願いをこめた記念碑が生まれました。

二〇〇〇年九月二日、劉連仁氏は八七歳の生涯を閉じました。

二〇〇二年九月一日、ご子息の手によって碑は序幕しました。

碑の建立後に「劉連仁生還記念碑を伝える会」がつくられた。記念碑の管理や碑を訪れる人の案内を通して記念碑の精神を伝えてきた。当別町

劉連仁生還記念碑の脇に咲く朝顔
（筆者撮影）

在住で、『劉連仁物語――当別の山中から』という絵本の絵を描いた大澤勉は、一般町民が碑をつくった運動を、「場所もない、資金もないで、苦労しました」と回想した。

ゆかりのある場所に碑を建てることになりました。ちょうど木屋路さんの家が見える場所です。農地転用して、登記の手続きがとにかく大変でした。中国人労働者の慰霊碑はたくさんありますが、生還した人の碑は劉連仁生還記念碑、ひとつだけです。土地ごと町に寄贈しましたが、行政がつくったものではないけれども、イデオロギーでないから行政も偏見なく行事に参加してくれます。わたしたちは行政に頼らなくてもできることを、気持ちを込めてやっています。〔14〕

「劉連仁生還記念碑を伝える会」は「劉連仁のふるさと訪問」も行ってきた。２００４年の訪問を終えて、劉連仁と当別町の人々を交錯させた山崎幸は、次のように記した。

劉連仁さんが生前3回当別町を訪問する中で語られた永久の平和の大切さを、私達だけでなく子々孫々まで語り継ぐ大切さを心に刻んだものでした。それが『劉連仁生還記念碑』の建立で具体化したものでした。劉さん自身は、この碑を知らないままで2000年9月高蜜市草泊の故郷で永遠の眠りにつきました。劉連仁さんと約束した碑の完成を墓前で報告するのが目的でした。〔15〕

「劉連仁生還記念碑を伝える会」は記念碑の管理や敷地内の環境整備、来訪者の案内などの活動を続けている。夏に咲く朝顔は劉連仁の墓参の折りに持ち帰った種をつないだものである。2020年には訪れた人が言葉を書き残せるノートを備え付け、自由に持っていける会の活動略史などの資料を入れた「劉連仁生還記念碑来訪者ＢＯＸ」も設置された。

政治に絡めとられない劉連仁の物語が、当別町のローカルな文脈で掘り下げられ、いまに引き継がれている。

5　歴史のためのコモンズの生成

劉連仁の「発見」、戦後遺留問題としての強制連行・強制労働、そしてローカルな文脈で交錯した戦後引き揚げの記憶と友好・平和についてみてきた。当事者の証言や陳述というかたちでオラリティが蓄積された裁判記録は、裁判所が認定した〈事実〉とともに、立ち返ることができる歴史のための参照軸を提供してくれる。そこで蓄積されたオラリティは歴史のためのコモンズになり、政治の檻に絡められた言説を解放してくれる。

劉連仁が発見された地で、彼を発見した人々や住民が建立した「日中両国の友好と平和への願いをこめた」劉連仁生還記念碑、また「劉連仁生還記念碑を伝える会」の活動は、経験と記憶の交錯する地において、未来志向の関係性を拓く力が生まれることを示す。

パブリック・ソシオロジーやパブリック・ヒストリーはじめ、パブリックを冠する学の諸潮流をふまえるならば、歴史は見出され、創りだされる歴史実践でもある。裁判記録や地域史のなかのオラリティは硬直した政治性から出来事を解放してくれる。そこで文脈づけられた物語が、人々の意識や生き方の座標軸となる歴史をかたどるときに、歴史のためのコモンズは生成されていく。

注

[1] 日中の戦争遺留問題とされ、日本の裁判所で争われた戦後補償裁判は、強制連行、慰安婦事件、南京虐殺・無差別虐殺・731部隊事件、遺棄毒ガス・砲弾被害事件、平頂山事件など多数にわたる。

[2]『中国人戦争被害裁判資料集1 強制連行・強制労働事件 劉連仁訴訟（全10巻）』（以下『劉連仁訴訟』）8巻収録資料、16頁。

[3] 劉連仁「陳述書」『劉連仁訴訟』1巻所収、210−211頁。

[4] 劉連仁「声明書」『劉連仁訴訟』8巻所収、98頁。

[5] 劉連仁「陳述書」『劉連仁訴訟』8巻所収、394頁。

[6] 劉連仁「本人尋問調書」『劉連仁訴訟』別冊特別資料所収、66頁。

［7］劉煥新「尊敬する裁判長殿」『劉連仁訴訟』4巻所収、392頁（手書き修正あり）。

［8］「中国人強制連行・強制労働訴訟判決要旨」『劉連仁訴訟』別冊解題・資料所収、53頁。

［9］東京高裁2005年6月23日判決『劉連仁訴訟』7巻所収、432－433頁。

［10］「『劉連仁さんを当別に迎える会』準備会の開催について」（1990年8月1日の設立準備会の案内文）。

［11］1990年5月15日付、劉連仁から袴田清治に宛てた手紙。

［12］1990年10月30日付、劉連仁から木屋路喜一郎、袴田清治に宛てた手紙。

［13］「穴にかくれて十四年の劉連仁さん　当別町に、暖かくお迎えしましょう」（劉連仁を当別町に迎えるための町民への呼びかけ文）

［14］2020年12月ヒアリングによる。

［15］山崎幸（「劉連仁ふるさと訪問団」事務局長）2004「劉連仁さん『ふるさと訪問』を終えて」劉連仁生還記念碑を伝える会『劉連仁のふるさと訪問――2004年10月20日～24日』。

参考文献

泉徳治（2013）『私の最高裁判所論――憲法の求める司法の役割』日本評論社
茨木のり子（1978）『りゅうりぇんれんの物語』全国SLA集団読書テキスト委員会
――――（2001）『鎮魂歌』童話屋
上田宏（1959）『原始林の野獣と共に――劉連仁日本潜伏記』穂高書房
欧陽文彬／三好一訳（1959）『穴にかくれて十四年――中国人俘虜劉連仁の記録』新読書社
早乙女勝元編（2000）『穴から穴へ13年――劉連仁と強制連行』草の根出版会
しみずみきお文・おおさわつとむ絵（2009）『劉連仁物語――当別の山中から』響文社
辰巳知二（2021）「壮大なオーラルヒストリー」中国人戦争被害賠償請求事件弁護団編『JUSTICE――中国人戦後補償裁判の記録』高文研

中国人戦争被害賠償請求事件弁護団編（2005）『砂上の障壁――中国人戦後補償裁判10年の軌跡』日本評論社
テッサ・モーリス－スズキ／田代泰子訳（2014）『過去は死なない――メディア・記憶・歴史』岩波書店
野家啓一（2005）『物語の哲学』岩波書店
――――（2016）『歴史を哲学する――七日間の集中講義』岩波書店
野添憲治（1995）『劉連仁・穴の中の戦後――中国人と強制連行』三一書房
北條勝貴（2019）「〈ありのままの事実〉を支えるもの――近代日本における歴史実践の多様性」菅豊・北條勝貴編『パブリック・ヒストリー入門――開かれた歴史学への挑戦』勉誠出版 69-134.
丸川哲史（2006）「劉連仁・横井庄一・「中村輝夫」にとっての戦争」倉沢愛子・杉原達他編『帝国の戦争経験（岩波講座 アジア・太平洋戦争４）』岩波書店
明治鉱業株式会社社史編纂委員会（1957）『社史 明治鉱業株式会社』明治鉱業株式会社
森越智子作・谷口広樹絵（2015）『生きる――劉連仁の物語』童心社（２０１６年度青少年読書感想文全国コンクール課題図書）

参考資料

強制連行・強制労働事件 劉連仁訴訟『中国人戦争被害裁判資料集成１ 強制連行・強制労働事件 劉連仁訴訟』（1～10巻、別冊特別資料、別冊解題・資料（2021）すいれん舎

【差別のオラリティ】

4章　アイヌ、和人、ポジショナリティ

——痛みの応答に向けての試論

髙崎優子

1　はじめに——深夜のファミリーレストランで

「食事のときに、今回は自分たちが多めに払ってあげたから、って言ったでしょう？　私たちアイヌが、二千五百円。だから、ああそうか、多めに払うのはやっぱり嫌なんだな、って思って。気を遣ってやってあげるけど、それは今回だけだよ、っていう意味だと思ったの」。

「お昼を買いに行きたいから車に乗せて、って言ったときに、帰りは送ってくれなかった。そっか、私たちって送る価値もないんだ、って思って」。

「ホテルもアイヌと同じところには泊まらない。あなたは私とは別の人ですよ、ってことを分からせようとしたんだ、と思ったし」。

「だから、お金がないこととかも言えないなあ、って思って。わざわざ私たちのホテルを遠くにしたのは、こんな分不相応なことをしちゃだめだ、っていうのを知らしめるための、カムイレンカイネなのかな、って」。

空席が目立つ深夜のファミリーレストランで、淡々と抑揚なく語るその声の持ち主は、本章のオラリティの紡ぎ手である原田公久枝《きくえ》氏（以下、敬称略）だ。原田は日本の先住民族、アイヌである。向かい合う私は非アイヌのマジョリティ、いわゆる和人だ。カムイレンカイネというのはアイヌ語で、ここでは「神様の思し召し」というような意味である。テーブルの上には、ぬるくなったビールと、冷えたコーヒーとが置かれている。

同じくテーブルの上に置かれたICレコーダの小さな赤いランプが、声が録音中であることを知らせる。彼女の声の宛先は、私だ。この会話の数ヶ月前、原田と私とを含む大学の研究グループが、奄美大島に調査に行った。声が指しているのは、その調査先での私のふるまいのことだ。店に入って、すでに一時間が経過した。時間帯にふさわしくない店内の煌々とした明かりと、異様な雰囲気を察して私たちのテーブルに近づかない店員が時折寄せる遠巻きの視線とが、わずらわしい。

原田と私は、2009年に、北海道大学のアイヌ関連のプロジェクトで出会った。知り合って10年が経過した頃、私は原田に、彼女が受けてきた差別について、そして差別を語ることについて、話を聞かせてくれないかと申し出て、了承された。原田は差別の語り手として、すでにさまざまな活動をしていた。10年という月日が必要だったのは、彼女の重い経験に対する私のためらいのせいだ。了承を得て以来、二人でいるときは、できるだけICレコーダを回すようにしている。私たちは聞き取りという形でなくとも二人で会うことが多かったたし、このときもそうだった。これまでと違っていたのは、私が、彼女を傷つけた人間として呼び止められたことだ。

突然の呼び止めに、私は反論する。

「払って『あげた』なんて、多分、言ってない。そんな言い方はしていない」。

「あのとき、私は、送っていくから待ってる、って言ったじゃない。そうしたら、自分たちで帰る、ちょうどいいから散歩していく、って言うから」。

「ホテルが違う理由は、何十回も説明したと思うんだよね。大学の手続き上、立替払いをしなくていいホテルの部屋数が足りない、って。よかれと思って、そのホテルにキクちゃん（注：原田に対する私の呼び名）たちを優先したんだけど」。

しかし、その反論は続かない。というより、続けられない。私の声が、原田の耳に届いていないことが分かる。だが、黙り込むわけにもいかない。黙り込めば、原田と私の縁は、そこで切れてしまうだろう。私は言葉を絞り出す。

「…ずっと、アイヌとして扱われてきた、っていう経験がキクちゃんのなかに溜まってて、それをもって、全ての人の行為を解釈してるわけじゃない？」原田が鋭い口調で返す。「それがわたしだから仕方なくない？」。――駄目だ。私は冷めたコーヒーに視線を落とす。そして言う。「だから、そうなると、全然意図しない解釈をされた人は、手も足も出ようがないよね」。

そう、手も足も出ない。原田はつい先ほどまで、何も説明しないまま、私との関係を終わらせようとしていたのだ。これまでもそうしてきた、辛くなる前に自分から離れてきたし、今回もそうするつもりだった、と原田は言う。すぐそこにあったその可能性に、私の背筋がひやりとする。「トラウマにさいなまれているからこういう人になってるんだろうって、自分でも分かってるんだけど」。いつもは親密でユーモアにあふれた彼女の声が、一切の熱を帯びずに続ける。「私は相手をしんどくさせるの。そのしんどさを押してまで、付き合うほどの人でもない。私はね」「だから、離れることをおすすめするよ」。重い空気が流れる。私は、どう答えてよいかが分からない。

言ってくれなければ、分からない。だけど、そう要求することができない。だから、どうしてよいか、分からない。かろうじて、私はそう口にする。このとき私の頭のなかに響いていたのは、それまで原田から聞いてきた声の数々だった。彼女を痛めつけてきた経験、彼女が言葉にしてきた疑問。「なぜ、いつも、傷ついている私たちの方から言わなければいけないのか」「なぜ、アイヌばかりが考え、答えを出さなくてはいけないのか」。傷つきを言えというその要求が、あるいは、誤解だから解かせてくれというその欲求が、すでに彼女に対する私の特権の現れであるだろうことは、そのときの私にも分かった。

「…でもそれって、どうやって関係を築いていけばいいんだろう?」。そうつぶやきながら顔を上げた先に、原田の視線がぶつかる。原田は、今度は、まるで私をなだめるように言う。「だから、関係を築けると思ったのが、間違いだったのかもしれない」。

私のなかで、原田が子どものころから繰り返してきたという、もう一つの問いが響く。「私って、アイヌって、なに?」。その問いは、今、ここで、私にも投げかけられている気がする。原田がアイヌであること、私が和人であることをめぐって生起している「なにか」に、原田も私も、肩を掴まれて動けない。二人のあいだに流れるひりついた剥き出しの沈黙を、ICレコーダが録音していく。

本章で扱うのは、差別の経験をめぐるオラリティである。語り手の原田公久枝は、1967年、北海道河西郡芽室町で、アイヌの両親の元に生まれた。中学1年のときに、「差別」と題した作文が、釧路人権擁護委員連合会の主催するコンクールで最優秀賞を受賞した。「人生最高の文章を12歳で書いてしまったから、あれ以上の文章は書けない」というその作文を世に送り出してから数年後、原田はアイヌの世界を離れる。その後、25年にわたる沈黙を経て、再び自身の経験を語り始めた。現在は、小中学校や大学での授業、市民向けの講座や講演など、さまざまな場所に呼ばれて自らの経験を語り、また、新聞や雑誌、フリーペーパーなどの媒体で執筆活動を行っている。

原田を語りに引き戻したのは、少女期から続く、「私とは、アイヌとは何か」という問いだった。経験は、語りを通じて他者への呼びかけに転じる。発話はつねに、他者へと向けられている。発話の本来的な特徴は、それが誰かに向けられていること、それが宛名をもつことである（バフチン 1988：180)。私たちは、語りの単なる観客ではない。

では、原田が抱えてきた「アイヌとは何か」という問いは、オラリティを介して、どのように聞く者への呼びかけへと転じるのだろうか。そして、その呼びかけに、聞く者はどのように応えることができるのだろうか。以下では、原田が紡ぐ語りと、私の応え損ねの経験とを重ね合わせながら、オラリティが持つ力について考えてみたい。そして、あの夜、原田と私の応答を不成立にした「なにか」について、また、そこから再びかかわり合うことの可能性について、接近してみたい。

2　知られない痛み

日本政府が、アイヌ民族から土地・言語・信仰・生活文化を根こそぎ収奪しながら、彼らを保護すべき「旧土人」とした「北海道旧土人保護法」を廃止したのは、制定から約100年後の1997年のことである。2007年には国連総会で採択された「先住民族の権利に関する国際連合宣言」に賛成票を投じ、その1年後には、衆参両院でようやく「アイヌ民族を先住民族とすることを求める決議案」が採択された。2019年には、日本における法律史上初めて、アイヌ民族を先住民族と明記した法律である「アイヌの人々の誇りが尊重される社会を実現するための施策の推進に関する法律（アイヌ施策推進法）」が成立し、翌2020年には、北海道白老町にアイヌ文化の復興と発展のための国立施設、「民族共生象徴空間（ウポポイ）」が開園した。

先住権なき新法の制定や、遺骨返還問題が解決されないなかでの慰霊施設の整備など、施策には多くの問題点が認められるが、こうした変転のなか、アイヌがメディアで取り上げられる機会は格段に増加した。アイヌの出自を積極的に受け止め、肯定的に発信していく言論や活動も増えている。1946年に設立された北海道アイヌ協会が、激しい差別からアイヌという呼称を避け、北海道ウタリ（同胞）協会と名を変えざるを得なかったのは1961年のことだ[1]。それから60年以上が経ち、「侵害されたアイデンティティを納得いくものへと回復させようとする」（鄭 1996：4）動きは、今、さまざまに芽吹こうとしている。

だが、アイヌが抱える痛みが、過去のものになったわけではない。２０２１年、全国放送のテレビ番組で、アイヌに対する直接的な差別表現が放映された。アイヌを「あ、犬」と指すその表現は、アイヌに向けられてきた強い侮蔑表現の一つであり、彼らのトラウマ的記憶を呼び醒ますには十分すぎる威力があった[2]。ほかにも例えば、「アイスクリーム」という文字を見かけると一瞬身がすくむ、というアイヌは少なくない。「アイス」が「アイヌ」に見え、そのあとに侮蔑の言葉が続いているのではないかという不安に襲われるからだ[3]。このようなありふれた日常語に、敏感に反応してしまう。樺太アイヌの出自を持つ北原モコットゥナシは、「日本社会で『アイヌ』と呼ばれるのは、そういう体験なのだ」と述べている（北原 2021. 傍点は筆者）。北原の言う「そういう体験」とは、明治期以来の植民地主義的な過去から歴史的に形成され、今なお生起し続ける痛み、日本に同化されると同時に他者化され、疎外される痛みのことである、と言ってよいだろう。

そうした痛みの存在が、日本社会において認知されているとは言い難い。２０１６年に内閣府が公表したアイヌ民族をめぐる国民意識調査の結果比較では、アイヌに対する現在の差別や偏見について、調査対象がアイヌの場合には72・1％が「あると思う」と回答しているのに対し、調査対象が国民全体の場合には「あると思う」と回答したのは17・9％に過ぎなかった[4]。２０１３年に初めて行われた全国規模のアイヌ世論調査[5]において、アイヌ民族の存在を「知っている」と答えた回答は95・3％に達したが、その「知っている」の大半に、アイヌが抱える痛みは含まれていない。

しかし、痛みの物語を紡ぐことにも、さまざまな困難がある。アイヌが自らの経験を語るとき、最も多いのが沈黙の声であることは、しばしば指摘されてきた。たとえば北海道新聞は、2017年4月から1年にわたって、アイヌの出自を持つ人びとのリアルな声を、彼らの写真とともに掲載した。「こころ揺らす」と題されたこの連載企画はのちに書籍化されたが、記者によって書かれた後書きには、「私、アイヌのことを周りに言っていないんです。勘弁してください」という生々しい声と共に、取材時には「話を聞くことを拒まれることがほとんどだった」という記述がある（北海道新聞社 2018：216）［6］。

沈黙のなかには、こうした、自らのルーツを顕示せずに生きる、という意味での沈黙だけがあるのではない。アイヌの出自を持つ石原真衣は、歴史や文化、先祖、そしてアイヌ同士とのつながりを失ったために、自らの出自について語る言葉を持たず、沈黙を余儀なくされている人びとのことを、「サイレント・アイヌ」と名づけた。自らもサイレント・アイヌであると、石原は言う（石原 2020）。加えて、痛みの経験を語るということ、より言えば、抑圧され、差別をされた経験を語るということ、そのこと自体も容易なことではない。侮蔑や恥辱を受けた自己を他者にさらし、痛みの記憶をなぞることでその痛みを追体験しながら、沈黙の海に沈みそうになる自己を、絶えず、引き上げなくてはならないからだ［7］。差別に触れることは、寝た子を起こす議論だという声もある。せっかく、時代は変わりつつあるのに。そうした声もまた、語ろうとする者を沈黙の海へと引き込んでいく。

原田は、こうした幾重もの沈黙の海から出て、自らを「差別を語る者」として位置づけ、その経験を言葉にしてきた。2018年1月から約4年間、執筆陣の一人を務めた北海道新聞のコラム「朝の食卓」には、このような記述がある。

通信用カード

■このはがきを，小社への通信または小社刊行書の御注文に御利用下さい。このはがきを御利用になれば，より早く，より確実に御入手できると存じます。
■お名前は早速，読者名簿に登録，折にふれて新刊のお知らせ・配本の御案内などをさしあげたいと存じます。

お読み下さった本の書名

通 信 欄

新規購入申込書 お買いつけの小売書店名を必ず御記入下さい。

(書名)	(定価) ¥	(部数) 部
(書名)	(定価) ¥	(部数) 部

(ふりがな)
ご 氏 名 ご職業 (　　歳)

〒 Tel.
ご 住 所

e-mail アドレス

ご指定書店名	取次	この欄は書店又は当社で記入します。
書店の住 所		

郵 便 は が き

恐縮ですが、
切手をお貼り
下さい。

101-0051

（受取人）

東京都千代田区神田神保町三―九
幸保ビル

新曜社営業部 行

通信欄

私はアイヌだ。どこまでいってもアイヌだ。だが私はアイヌであることを喜べない。ツラく悲しいことが多すぎるから。

〔〈朝の食卓〉「アイヌデンティティー」２０１９年10月9日北海道新聞〕

では、アイヌであることをめぐる原田の経験とは、いったいどのようなものなのだろうか。彼女が初めてアイヌという言葉に出会った、６歳のときから始めよう。

3　問いの始まりからアイヌを離れるまで

それは、小学校に入学して間もなく、発熱して欠席した翌日のことだった。

熱を出して、休んで、次の日に学校に行ったら、アイヌ、って言われたの。嫌な顔で、アイヌ、って。それで初めて、アイヌ？って思って。ほんとに、鳩が豆鉄砲を食ったようなもので、なに言ってるの？みたいな感じで…でも、言い方があまりにも嫌だから、なにか嫌なものなんだろうな、っていうのは分かるわけ。親とかお姉ちゃんに聞くと悪いな、っていう気持ちがするわけ。だから自分で調べようとしたんだけど、調べ切れない。まだ字も分からない。アイヌってどう書くのかも分からない。だから2年生までは、アイヌ、アイヌってすごい言われるけど、アイヌって何だろう、って。

原田の旧姓は、竹内という。後日分かったことだが、原田が欠席したその日、子どもたちが担任を「なぜ竹内だけあんなに毛深いのか」「なぜ竹内だけ目が引っ込んでいるのか」「みんなと顔が違うのはなぜなのか」と質問攻めにした。担任は子どもたちに対し、「竹内はアイヌだから」と答えた。しかし「アイヌ」がよく分からない子どもたちは、帰宅したあとで親にその意味を尋ねた。そこで親たちから、アイヌに対する侮辱的で否定的な言葉を聞いたのだった。

じつは、原田の祖母は、アイヌ古式舞踊を伝承する帯広カムイトウウポポ保存会の創設者である。原田は小学校に入る前から、母親に連れられてこの会に参加し、歌や踊りに親しんできた。だが、その歌や踊りがアイヌのものだとは知らなかった。大人たちがアイヌであることも知らなかった。アイヌという言葉に、その日まで、出会っていなかったからである。

教師によって、同級生との違いをアイヌと名づけられたこの日から、疎外の日々が始まった。「班分けがあるじゃない？　私はいつも、最後まで余るわけ。そうしたら、班長たちがじゃんけんをして、負けたところに私が入る」「班になったとしても、机をちょっと離される。絶対にくっつけてはもらえない」。アイヌの子どもにとって、学校という場は過酷だった。原田が「同級生たちに足を掴まれて、廊下を引きずられているのをよく見かけた」という2つ下の弟は、小学校の低学年から、不登校になった。

中学1年になったとき、原田は初めて、自身の経験を訴え出た。きっかけは、当時の国語教諭から人権に関する作文募集の話を聞いたことだった。人権の意味を辞書で引いた原田は、これは自分のことだと思い、「ありったけの思いを原稿用紙8枚にぶちまけ」(原田 2013：6)て、教諭に提出した。「差別」と題されたその作文は、次のように始まる。

私は、この作文の中で、みんなに、言いたいと思います。『みんなは、人権というものが、ほんとうに、わかっているのだろうか？』と、いうことです。［中略］我が、芽室中学校には、人権が、ないのです。人びとの平等が、なく、とても差別が、多いのです。…多すぎるのです。

元となったのは、その前年に起こった、ある出来事だった。下級生からやってもいない窃盗の疑いをかけられ、「アイヌだから泥棒なんだ」「アイヌだからそういうことをするんだ」と執拗に追いかけられ、初めて親の前で「もう学校に行きたくない」と慟哭したのだ。作文は、以下のように続く(一部を抜粋)。

私は、アイヌといわれるのが、いやで、わるいことをしている人をみても、何も、言えなくなる時が、あります。これは、みんなが私のことを、きもちわるがらなければ、すぐちゅういできるのに、のどのところまで、何かが、こみあげているのに、何も、いえなかったり、だれかが、あそんでいる中に、自分も、入りたいくせに、どうせ、「あんたなんか、きもちわるいから、入れてあげない」、みたいなことを、いわれるからと思うと、どうしても、ひっこみじあんになり、おくびょうな、私が、出てきてしまいます。この性かくは、なおしてしまいたいと思っています。

だけど、私は、小学四年になったころ、ひっこみじあんが、なおってきました。アイヌと言われて、いじめられて、だまっているのでは、あまりにも、みじめです。みじめすぎます。それで、いわれたら、いいかえす。たたかれたら、たたきかえす。つばを、かけられたら、かけかえす。というように、なったのです。

6年の中ごろ、私は、はじめて、お父さんと、お母さんの前で、泣きました。今まで、どんなつらいことがあっても、しんぱいを、かけないように、一人で泣いて、学校で、あったことは、なに一つ、家では、しゃべらなかった私でしたが、この日だけは、大声で、泣きました。

しかし、やっぱり、人権が、おかされている例の中に、入っている、「差別」などの、問題は、みんなで、考えて、みるべきなのです。もう一度、「人権とは、いったい何なのか」ということを、みんなで、考えるべきだと、私は、思うのですが、みなさんは、どうお考えに、なるのでしょうか…?

（「差別」竹内公久枝　芽室中学校1年）[8]

「むしろ手記といった方がいいような」（北海道新聞　昭和55年10月19日記事）、少女の息遣いがそのまま聞こえてくるようなリズムで書かれた赤裸々な訴えに、多くの大人が反応した。人権教育に熱心な教師たちも強い関心を寄せた。芽室中のある教諭は、「この子の担任は、非常に民主的だといわれている教師でもあり、［中略］かなりショックを受けました」と記した手紙と共に、作文を当時の北海道歴史教育者協議会会長、井上司に送っている（井上 1989：19）。皮肉なことに、「非常に民主的」なはずのこの担任は、かつて原田の3歳上の姉に向かって「いろいろ問題が起きるから、アイヌは学校に来てもらいたくない」という言を放っており、その発言は姉を不登校へと追い詰めていた。

コンクールで最優秀賞を受賞したのちは、地方紙のみならず、全国紙も学校に取材に訪れた。原田は、「人権に目覚めた中学生」「勇気を振り絞った少女」として、新聞紙上で賞賛された。「作文の娘」としてウタリ協会（当時）の総会にも呼ばれた。しかし、待っていたのは、いじめの更なる激化だった。「ウタリは差別に負けないって新聞に載ったよね、だからいじめていいんだよね、とか言われて。死ぬようないじめにあって。すごかった」。全国的に学校が荒れていた時代とも重なり、いじめは過酷さを極めた。

また、全国から多い日で100通以上届く手紙も、少女を追い詰めた。1クラス45人分の感想文が入った封筒が一日に数十通と届くことも珍しくはなかった。それらに混じって「調子に乗るな」「殺すぞ」と書かれた手紙、さらには、カミソリ入りの手紙も届いた。原田は届いた手紙を未開封のまま、全て、庭のドラム缶で燃やすことにした。

こうした学校での差別が、子どもの意欲も集中力も削ぎ、学力に影響するのは想像に難くない。アイヌの進学率が低いことは北海道の調査（北海道環境生活部 2017）でも明らかにされているが、原田もまた、受験した高校を不合格になり、三重県の紡績工場へ就職する。このことが、原田が「アイヌをやめる」契機となった。

15歳で、おかあちゃんに、アイヌのことやめます、って言った。松阪市に行くし、これからはアイヌのことはやりません、って。

「アイヌをやる」というのは、アイヌがしばしば用いる表現であり、おおむね、アイヌ文化やアイヌコミュニティに積極的に関わることを指す。「アイヌをやめる」というのは、当時の原田にとっては、もうアイヌの歌や踊りをやらない、という意味だったという。

その背景には、作文をめぐって起こった、アイヌ社会からのバッシングがあった。作文が評価されたことで、少女に向けて「調子に乗るな」と警告をしてきた大人たちがいたのである。大人たちからの、そして同じアイヌからの攻撃は、同級生たちから受けるいじめとは違った意味を持った。アイヌという言葉も知らないうちから好きだった歌や踊りは、もうやりたくなかった。アイヌのこと一切が面倒であり、縁を切りたかった。アイヌから、もう、離れたかった。

三重に渡った原田は、結局、怪我のために1年半で帰郷することになる。その後、道内を中心にいくつかの職を転々とし、結婚もした。和人の夫には、アイヌの子を育てる自信がないから子どもは産まないという、少女時代からの決心を伝えた。温泉の仲居をしていたとき、修学旅行生を相手に作文について話して欲しいという要望が入ったが、断った。原田の実家には、作文を書籍や教科書に使いたいという依頼が幾度も来た。だが、奉公のため小学校に通えず、文字も読めない母親には、説明される著作権の話が難しすぎた。応対を嫌がる母親に、依頼内容を確認せずに全て掲載許可を出すように伝えたため、原田は今も、自分の作文がどの媒体に使用されているのか、正確には知らない。

4　なぜアイヌばかりが考え、答えを出さなくてはならないのか

2007年は、アイヌ文化振興法[9]が制定されて10年目となっていた。その節目に、北海道大学で記念シンポジウムが開かれた。幼少期から親しい同胞に出席の依頼を受けた原田は、このとき、初めて同大学を訪れる。そこで偶然出会った先達のアイヌ女性に、「作文の娘」であることを見抜かれた。女性は原田に、「私たちアイヌは、北海道大学で勉強する権利がある」と力説した。そして、共にアイヌについて勉強するよう誘った。原田はしばし躊躇したが、女性の誘いに乗ることにした。その理由は、アイヌをやめたつもりでも、結局は名指され、差別される日々と、少女時代からの問いにあった。

非アイヌの世界に生きているのに差別されるから、びっくりするわけ。ふつうの生活をしているつもりなのに、スーパーのレジで突然後ろから、アイヌって言われたら、撃たれたくらい、びっくりする。長いあいだアイヌから離れていたけど、ただ差別だけされて、ネガティブなことしかなかった。なん

でこんなに差別されなきゃいけないんだろう、っていう疑問がすごくあったから。アイヌって何なのかをやっぱりきちんと知りたいな、っていう気持ちもあって。それで、勉強することを選んだ。

当時の原田は、スーパーのレジ係をしていた。「アイヌなんてパートでしか雇えない」と言われて辞めたスーパーを入れると、3軒目のスーパーだった。原田は、40歳になっていた。

その後、原田は精力的に活動していく。もともと学ぶことが好きだった原田は、北海道大学で講義を聴講し、研究会に出席し、図書館に通った。また、好きだった歌や踊りも再開した。そのようにして4年が経過した頃、原田のもとに最初の講演の依頼が届く。２０１１年に法政大学で行われたシンポジウムで、20分間の講演だった。

少女期以来初めて、原田は人前で差別の経験を語った。じつは、この講演では、「アイヌは楽しい、面白い、と伝えられる人になりたい」などのポジティブな発言も見られる（原田 2011）。以来、さまざまな講演や原稿の依頼が原田に届けられることになるが、回を重ねるにつれ、その語りはより率直に、また、より自身の経験を見つめるものになっていった。

それでも小4の時、音楽室から教室に帰って来た時、忘れてあった下じきに、1人2人のじゃない唾がかけてあってショックだった私は4時間目の授業に出ないで体育館やら、トイレの中で過ごした。でも生徒はもちろん先生すら探しに来ないし、教室に帰って下じきは捨てて、その後、給食を食べて午後の授業に出て普通に帰った。

（「妙に真面目な私の日記（1）結婚まで…」『環オホーツクの環境と歴史』2013）

中学校に入学すると、学校が荒れていた時代ってこともあり、水洗の和式便所に頭を押さえつけられて入れられたり、階段を上っていると上からジャムをかけられたり、帰ろうと玄関前を歩いていると、三階から紙の牛乳パックを「バクダーン」って投げられて、牛乳まみれになったりした。

（「生きにくいということ――アイヌとして生きてきて」『部落解放』2016）

昔もこういうふうに生きづらかったけど、今、差別はないのか、って思っちゃう人がいると思うんで、ぶっちゃけますけど、今、機関紙を配る仕事をしているんだけれども、いい大学を出て、部下もいるような、係長、課長、部長、という人にまで私は配っているわけだけども、そのなかでも、アイヌから新聞を受け取るのは嫌だ、アイヌにお金を払うときに手を触らなきゃいけないのは嫌だ、とはっきりと言われるのが今の時代です。

（2020年、大学のゲスト授業にて）

じつは、原田のもとに届く依頼は、「差別のことを語ってください」というのではなく、「今を生きるアイヌとして語ってください」というものがほとんどである。原田自身が感じていることなら、内容は特に問わない、とも言われる。だが、差別以外のことを話そうとすると、あなたから聞きたいのはそういう話ではない、と釘を刺されることもある。あれから長い時間が経っても、原田が「作文の娘」であることは広く了解されており、あの生々しいアイヌの語りが、暗黙に、ときに明示的に、期待されている。

そうした期待に応えて差別のオラリティを紡いできた原田は、自身を「差別を語る者」だと位置づける。「アイヌに踊り枠や歌枠、刺繍枠、言語枠などがあるとしたら、自分は差別枠」なのだと笑う。たしかに、期待はある。だがそれは、原田自身が語りたいことでもある。「差別のことを話すなと言われるなら、その依頼は受けない」。なぜなら原田にとって、差別こそが根底にあるテーマだからだ。

アイヌだと気づいたときから、差別される者と認定されてるわけでしょ。……私にとっては子どものときからそうだし、今もそうだから。あなたにとってのアイヌってなんですかってストレートに聞かれると、差別される者。

小学校のときには、私のなかで、「アイヌ＝差別される者」という図式が出来上がってた。だから、ずっと差別されてるから、私こそアイヌなんだ、ていう自負が、すごくある。それは揺るがないの。だって、ずっと差別されてる。こんなに差別されている人は、ほかに見たことがない。アイヌなら差別されるというのではなくて、差別される者がアイヌ。

「差別される者がアイヌ」。原田ははっきりと、こう述べる。そして、作文を書いた過去がある限り、身をさらけ出し、差別について語ることが、自身の役割だとも言う。むろん、差別をされていない者はアイヌではない、ということを言っているのではない。差別をされていてもいなくても、どのようなアイヌも自身のなかのアイヌに悩んでいる[10]。ただ、原田にとってのアイヌとは、差別される者であり、原田がアイヌを語るということは、差別を語るということなのである。

差別されるものがアイヌ。ではこのことは、少女時代から続き、また、再び原田をアイヌの世界へと引き戻した、「アイヌとは何か」という問いへの答えなのだろうか。もちろん、違う。差別される者がアイヌ、それはむしろ、「アイヌとは何か」という問いの始まりに位置する。

「アイヌとは何か」。この問いが、異なる形で提示されたのが、2017年の日本平和学会でのゲスト講演のときだった。その異なる形とは、講演のタイトルとした、「なぜアイヌばかりが考え、答えを出さなくてはならないのか」というものである。それは当初は怒りの表現だった。講演の少し前に、ある友人が、そろそろ自分なりに答えを出すべき時期ではないか、と彼女を鼓舞した。そこで、原田は考えた。しかし、考えても、考えても、答えは出なかった。その苦しみのなかから、出た言葉だった。

その後に招かれたある大学の授業で、今度は、明確に問いかけの形を持って、それは差し出された。なぜ私だけが、こんなに考えなくてはいけないのか、なぜ私だけが、こういう話をみなさんにしなくてはいけないのか。原田は、学生に向かって呼びかけた。「あなたたちが考えて、そして教えて」。そのときの理由を、原田はこう説明する。

6歳のときから、初めてアイヌって言われたときから考えてるけど、答えが出ない。私が考えてる意味は何なのか、私には分からない。いわれがないから。つまりは、いわれのないことをやっている、あなたたちが答えを出さなきゃいけないってことじゃない？　私はいわれなく差別されるから、する方が考えて。どうしてマイノリティと言われている人たちが、考えなくちゃいけないの？　マジョリティと呼ばれている、差別する側の人たちが、考えて、答えを出して、それをマイノリティに教えてくれる方が正しい道じゃない？

原田のこの説明は、「差別をなくす上で社会的義務と責任を全うすべきなのは、差別する側の人々なのであって被差別者ではない」（鄭 1996：27）という主張に重なる。だが、原田の問いかけは、そうした主張を述べているだけなのだろうか。もう少し考えてみたい。

原田が再びアイヌの世界に戻ったのは、「アイヌとは何か」を知りたくて、アイヌについて学ぼうと決心したからだった。だが、アイヌのことをいくら学んでも、学んだ上でいくら考えても、その問いは解決しなかった。むしろ、学びによって過去に接続されていくなかで、これまで多くの先達が闘ってきたこと、だが社会は応えず、苦しみが連綿と続いていることを知るばかりだった。そこで、問いの宛先を、他者へと移す。そこには、発話がいつも自分から、痛みを受けている側からであるという、発話の非対称性がもたらす痛みの深まりがあった。

重要なのは、それが告発や糾弾といった形ではなく、問いかけの形で差し出されたということだろう。振り返れば、原田は、作文のときからすでに問いかけの形をとっていた。だが原田自身、問いの宛先を、特に意識してはいなかったのではないだろうか。原田はこれまで繰り返し、「自分に向けて話している」「自分が喋りたいから喋っている」のだとも言ってきた。その意味では、もしかすると、このときの問いかけは誤配だったのかもしれない。

だが、その問いを受け取った学生が一人、後日、原田に手紙を書いた。「とても丁寧な、身に余る内容の手紙だった」と原田は言う。「そのときの私の問いへの答えが出た、ということではなかったけれど」。そう、原田の問いを、受け取った人はいた。だからここで、次のように考えてみたいと思う。「アイヌとは何か」という問いは、「アイヌとは何かということを、なぜ、アイヌばかりが考え、答えを出さなくてはならないのか」という問いであり、その問いは、原田自身では完結しない問いである、と。その問いは、他者を必要とする問いであり、したがって、応答の実践なのである、と。

5　ポジショナリティを考える

原田の問いがそうした応答の実践であるなら、私はなぜ、応え損ねたのだろうか。「すごい思い込みで喋って攻撃している部分が、かなりある」。深夜のファミリーレストランから1年半余りが過ぎたあと、原田は当時の記録を読みながら、そう言って笑った。

原田の言うように、あのときの解釈が思い込みなのだとしても、その思い込みは、繰り返される差別の経験に由来している。原田は傷ついてきただけでなく、つねに傷つきやすさ（被傷性）にさらされている。つねに、すでに、傷つきやすい。この被傷性の不平等な配分が、差別という大きな不公正の現れのひとつだ。私はあのとき、その不公正にひるんで、まずは口をつぐんでしまった。だが、あの夜、よりあらわになったのは、原田が「私たちアイヌ」という表現であぶり出した、ポジショナリティ（位置性）の問題ではなかっただろうか。

ポジショナリティとは、特にポストコロニアルな状況でしばしば問題となる、帰属集団の非対称な権力関係、自覚なしの優位性を顕在化させるための用語だ。「他者が私を何者であると名指しているのか、他者との関係で自分がどのような者として立ち現れてくるのかという位置性」（千田 2005：270）のことであり、アイデンティティに近接する概念だが、両者は異なる。アイデンティティは自己に属するが、ポジショナリティは他者に属するからだ（上野 2005：312）。もちろん、個人が帰属する集団は複数ある。したがって、複数の集団のうち、どこにその人の位置性を定めるのかをめぐって、論争を呼ぶ用語でもある。だが、ここで重要なのは、ポジショナリティは個々人の意思や思想信条には拠らない、という点である（池田 2016）。だからこそ、他者との関係性において「私」がいかなる位置を占めているのかは、発話のあとで事後的にあぶり出される（岡 2019：193–194）。

あの日、原田が「私たち」という言葉で対比させたのは、私たちではない「和人」のことだった。そしてその「和人」とは、あの場面では、抽象的な大多数の和人ではなく、具体的な「私」だった。おそらく私はそれまで、原田の差別の語りを、その訴えを、私ではない不特定の和人に向けての語りだとして聞いてきた。私はたしかに和人であるが、原田を被傷させる、その和人ではない、というように思っていたように思う。もっと言えば、私は私のことを、原田の経験に思いを寄せる和人、くらいに思っていたのかもしれない。そしてそのことを、原田も了解していると考えていたのかもしれない。だがそれは、意思や信条が自分の立ち位置を決め、相手にもそれが共有されているはずだという、無邪気な信仰に過ぎなかった。

だからこそ、あなたの立つ位置は私から見て和人なのだ、和人のあなたはアイヌの私を被傷させるのだ、という原田からの突然の指摘を受けて、私は狼狽したのだ。原田の語りが発する問いの宛名は、あの夜のずっと前から、私でもあった。だが私は、原田の経験する出来事の当事者ではないという構え、意思や信条によって出来事の当事者になることを避けることができるという構えをとることで、原田の語りに、その問いかけに、ずっと応え損ねていたのだった。

ここまでを、一度、整理したい。原田が抱える「アイヌとは何か」という問いは、「アイヌとは何かということを、なぜ、アイヌばかりが考え、答えを出さなくてはならないのか」という問いへと接続されている。それは他者を必要とする、応答の実践である。だがそれは、ポジショナリティをつかみ損ねれば、応え損ねる実践でもある。あの夜、原田と私の応答を不成立にした「なにか」、それは、私は忘れることができ、原田は忘れることができない歴史と過去、そして、その上に成り立つ関係性のことだった。ゆえにこの問いは、ポジショナリティの問いかけも含んだ、応答の実践として捉えるべきなのだ。この問いかけに接続されることで、私は、問いの当事者となる。「アイヌとは何か」という問いを、私は、私の立場から、私自身の問いとして、考えるようになる。

ポジショナリティをめぐって引かれる境界線、「あなたは私ではない」という境界線は、「私はあなたではない」という立場を私に了解させる。この境界線を、「人権」という魔法の言葉で一気に跳躍しよう（岡 2019：91）としたのが、かつて原田を襲った何百通もの手紙ではなかったか。彼ら自身の正義や善意を映す鏡として、原田の痛みを攫《さら》ってしまったのではなかったか。痛みは、本質的に、それを感じる人のものだ。私は、痛むあなたにはなりえない。だからせめて、あなたと私の足元の、この権力の不均衡な勾配を点検し、問い直していくこと（山口 2016：203-204）。分からないことを了解し合いながら、共に在って、考えていくこと。ポジショナリティが関係性のなかに立ち現れるものだからこそ、この「共に」ということが、重要であるだろう。

ポジショナリティを考えることは、私という個人が後景化し、私が望まずとも属する集団が前景化する感覚を私にもたらし、心がざわつく作業ではある。そこでは、私は私の加害の属性から逃れられない。だが、そうであったとしても、ポジショナリティが引く境界線を直視することは、応答が成立するための、最初の条件であるように思われる。こうしたことの全てを理解できないままに、あの夜の終わりに、私は、共にいることを諦めたくないと繰り返し、原田はそれを受け入れた。結果、原田と私は、まだ、どうにか、つながっている。

6 おわりに――オラリティの力

作文が賞を取り、ウタリ協会（当時）の総会に呼ばれたときのことだ。ある女性が「こんな風にアイヌのことを表明できて、アイヌだということを世に示せる女の子が出てきたから、アイヌはもう安泰だ」と泣きながら原田の手を取り、喜んだ。原田はその女性に向かって、「これだけは絶対そうだと思うけど、50年後もアイヌはいじめられるから」と返した。その返事を聞いた女性は、「この子をそんな考えにしてしまったのは自分たちのせいだ」と言って、さらに泣いたのだという。

その原田の言葉の通り、アイヌへの差別は、今もなくなっていない。この原稿を書いているのは2023年6月だが、つい数日前、地下鉄のなかで、乗客同士が原田に聞こえるように「気持ちが悪くて隣に座れない」という会話を交わした。このように、アイヌとは名指さないまま、さまざまな場面で疎外されることも珍しくはない。原田はそれを「陰鬱な差別」と表現する。しかし、冒頭でみたように、差別の認知は国内で20%にも満たない。そのなかで、原田は書き続け、語り続けている。「都度、今、自分の知り得ていることを全部置いていこうという気で臨む」という原田のその身のさらし方は、かつて手紙をくれた学生のように、誰かに届いているのだろうか。そこに、原田の問いへの応答はあるのだろうか。

2021年の秋、関西の高校から、修学旅行先の北海道で、原田と共にウポポイを訪れたいという依頼が届いた。原田の作文を読んだ生徒たちが掲げたテーマは「共生」だった。そのテーマに触発された原田の語りはいつもより重く、漁場で男たちが使い捨てにされたこと、村に残された女たちが強姦されたこと、梅毒に冒されたこと、滅び行く民族とされたこと、などに触れながら、「アイヌから共生を望んだことはない。あなたたちは本当に共生を望んでいるのか」と問いかけた。生徒たちは、予想しなかった語りの内容と問いかけに、いっせいに黙り込んでしまった。だが、帰りを急ぐ時間になって、生徒が一人、原田のもとに小走りでやってきた。

目に涙を溜めていたから、「どうしたの？」って聞いたら、「作文を読ませて頂いたときから、もしもお話できる機会があったら言いたいと思っていたんですけど、どうしてそんなに自分をさらけ出せるんですか?」って。だから、「うーん、作文を書いちゃったからね」って。そうしたら、「でも、作文を書くときも、そんなにさらけ出さなくても良かったかもしれないのに」って言うから、「腹が立ったからだよね」って…そうしたら、「でも、私たちにとってはありがたい経験ですし、このお話を聞いて、ちゃんと考えなくちゃいけない、今日のこともきちんと考えて、原田さんがここまでしてくれたことに報いたい、と思っているので、そのことをお伝えしたかったので。声をかけて、ごめんなさい」って。「ぜんぜん、声をかけていただいてありがたかったですよ。そこまで真剣に考えて下さってる方が一人でもいらっしゃるのであれば、私も話した甲斐があります」って言ったら、「あの、一人じゃなくて、みんな本当にそういう思いで、今回原田さんにお会いできることをすごく楽しみにしていたので、そのことをお伝えしたかったんです」って。だから私も、「いや、本当にありがとうございます」って言って。

この高校生たちもまた、原田の問いを、自身の問いとして受け止めたのではないだろうか。沈黙も、そこからの接触も、原田の語りの力に触発されたものだと言える。高校生たちが出す答えは、直接に原田に返ってくることはないかもしれない。また、答えは出ないのかもしれない。だがそれは、応答の不成立ではないだろう。原田は自身の活動を「草の根」だと言い、「私のやっていることはせいぜい何十人かの前で話すこと」で、社会を変える力はない、アイヌ差別は終わらない、と言う。だが、草の根の活動が投げかける波紋は、ささやかでも、広がっているはずだ。

手紙を書いた学生のように、沈黙から走り寄った生徒のように、語りに呼びかけられてしまうことはある。それがオラリティの力であるし、そこに応答の成立への萌芽がある。アイヌであることが辛く、苦しいのは、私という他者がいるからである。そして、互いが互いの立場から、植民地主義的過去と連結されており、権力の勾配、被傷性の不均衡を伴ってあらわになる境界線は深く、暗い。だが、その境界線を前に、私はあなたではないことに絶望せずに、立ち去ってしまわないこと。問いを自分自身のものとしながら、なんとか次の言葉を紡いでいくこと。他者である私にできることは、せめて、そうしたことであるだろう。共に考える、問いに応答する、ということは、その細く長い道程のことを指すのではないだろうか。そして、その道程を歩くには、私に応えることを要求するオラリティの力が、必要なのである。

謝辞
本章を共に考え、語ってくれた原田公久枝さんに、心より感謝申し上げます。

注

［1］　北海道ウタリ協会は２００９年に再び「北海道アイヌ協会」に名称を変更した。

［2］　２０２１年７月、放送倫理・番組向上機構（ＢＰＯ）の放送倫理検証委員会はこの問題について「明らかな差別表現を含んだもので、放送倫理違反があった」とする意見書を公表した。番組を作成した放送局は北海道アイヌ協会の定例総会に出席して謝罪を行い、また、後日、30分の検証番組を放映した。検証番組には一定の評価はあるものの、同番組内では実際に用いられた表現が明示されなかったため、根本的解決へ向けた問題

の回避に繋がることを懸念する声もあがった。

[3] 北原モコットゥナシ（2021）、川上恵「〈ウコチャランケ〉継承するアイヌ文化 よりよい未来を信じて」2020年12月14日北海道新聞、原田公久枝「〈朝の食卓〉アイスクリーム」2021年10月13日北海道新聞など。

[4] 内閣府政府広報室（2016）「『国民のアイヌに対する理解度に関する世論調査（平成28年1月）』参考資料（アイヌの人々を対象とした調査結果との比較）」。

[5] 内閣府政府広報室（2013）「アイヌ政策に関する世論調査」。

[6] 沈黙が多いのは各種調査も同様である。2008年に北海道大学の小内透を中心として行われた「北海道アイヌ民族生活実態調査」（以下、北大調査）では、「調査を受けたがらない人々に対して調査を強要することは、当然ながらおこなっていない」ことに加えて、「北海道ウタリ協会（当時）と無関係もしくは疎遠である人々」は調査対象としてアクセスできなかったことに注意を喚起している（山崎 2010）。なお、北海道が実施する「北海道アイヌ生活実態調査」の調査回答者数は「現在のアイヌ人口」として取り上げられることが多いが、同調査は北大調査と同様の調査限界を持っている。正確なアイヌ人口は不明、と言われる所以である。

[7] 精神科医の宮地尚子は、トラウマの語りが持つ構造を、内側に沈黙の海を抱えるドーナツ状の島、「環状島」としてモデル化している（宮地 2018）。

[8] 高橋三枝子（1981）所収版。同書には原田の手書き原稿が掲載されている。全文はほかに井上（1989）に掲載されているほか、作文の前半部分は榎森（2015）の冒頭で引用されている。

[9] 「アイヌ文化の振興並びにアイヌの伝統等に関する知識の普及及び啓発に関する法律」。アイヌ施策推進法の施行に伴い廃止された。

[10] 原田はこの揺れる自我を「アイヌデンティティー」と名づけている。「〈朝の食卓〉アイヌデンティティー」2019年10月9日北海道新聞。

参考文献

池田緑（2016）「ポジショナリティ・ポリティクス序説」『法學研究』82(9)：317-341.
石原真衣（2020）『〈沈黙〉の自伝的民族誌――サイレント・アイヌの痛みと救済の物語』北海道大学出版会
井上司（1989）『教育のなかのアイヌ民族――その現状と教育実践』あゆみ出版
上野千鶴子（2005）「脱アイデンティティの戦略」上野千鶴子編『脱アイデンティティ』勁草書房 289-321.
榎森進（2007）『アイヌ民族の歴史』草風館
岡真理（2019）『彼女の「正しい」名前とは何か――第三世界フェミニズムの思想 新装版』青土社
北原モコットゥナシ（2021）「歴史的トラウマ概念のアイヌ研究への導入を探る」『アイヌ・先住民研究』(1)：7-34.
千田有紀（2005）「アイデンティティとポジショナリティ――1990年代の『女』の問題の複合性をめぐって」上野千鶴子編『脱アイデンティティ』勁草書房 267-287.
高橋三枝子（1981）『続・北海道の女たち ウタリ編』北海道女性史研究会
鄭暎惠（1996）「アイデンティティを超えて」井上俊ほか編『岩波講座現代社会学15 差別と共生の社会学』岩波書店 1-33.
バフチン、M／新谷敬三郎・伊東一郎・佐々木寛訳（1988）『ミハイル・バフチン著作集⑧ ことば 対話 テキスト』新時代社
原田公久枝（2011）「今、アイヌであることを語る」『学術の動向』16(9)：88-91.
原田公久枝（2013）「妙に真面目な私の日記（1）結婚まで…」『環オホーツクの環境と歴史』3-8.
原田公久枝（2016）「生きにくいということ」『部落解放』734: 49-59.
北海道環境生活部（2017）「平成29年北海道アイヌ生活実態調査報告書」
北海道新聞社編（2018）『こころ揺らす――自らのアイヌと出会い、生きていく』北海道新聞社
宮地尚子（2018）『環状島＝トラウマの地政学 新装版』みすず書房

山口真紀（2016）「『私はあなたではない』をめぐる思考と実践」堀江有里・山口真紀・大谷通高編『〈抵抗〉としてのフェミニズム』生存学研究センター報告（24）：194-206.
山﨑幸治（2010）「調査対象の特性」小内透編著『現代アイヌの生活と意識――２００８年北海道アイヌ民族生活実態調査報告書』北海道大学アイヌ・先住民研究センター 7-18.

コラム2

原発事故からの記憶――当時の子どもたちは何を語り出したか？

髙橋若菜

東京電力福島第一原発事故では、避難指示区域内外から多くの避難があった。とりわけ、放射能に脆弱とされる胎児や乳幼児の避難割合が高かった（吉田 2016）。放射性物質は漸減しながらも、環境中に留まり続けている。現在に至るまで避難生活を送っている人々は、全国に登録されているだけでも数万人規模である。しかしながら、国による避難者支援も調査も、この11年の間に次々に打ち切られ、不可視化が進んだ（青木 2021）。

一方、一部自治体や研究者などの複数の調査では、当事者による語りが文字化されてきている（髙橋 2022）。これらの語り（オラリティ）によると、多くの避難者たちの生活再建は進んでいない（辻内他編 2019）。故郷や仕事、人生を失い、放射能リスクへの捉え方の相違から人間関係の分断に苦しみ、現状と将来への双方に不安が尽きない。しかし風評被害を引き起こすとの誹りを受け、多くは口をつぐんでいる。自己責任で抱え込まされると、被害は世の中には見え辛くなり、忘れ去られていく。理不尽さは、高いＰＴＳＤ率をもたらしているともいう（松井 2021）。

従前の様々な調査において、主たる語り手であったのは、ほとんどが大人たちであった。事故後11

年経った今、大人に手を引かれて避難した子どもたちは成長し、大人へとさしかかってきた。当時声を出せなかった彼らは、事故後どのような生活を送ってきたのか。何を経験し、避難先で何を感じ、今どのように考えているのか。

2022年3月12日、大阪弁護士会が主催したオンラインシンポジウムは、4名の「当時の子どもたち」の声を聞く機会となった。そのうちの一人は、事故時小学3年生で、避難を経験していた。転校先でいじめにあい、死を考え、肉体的にも精神的にも追い詰められた日々を過ごしていたという。中学は学区外へ進学し、いじめはなくなったが、避難者であることを隠さねばならなかったことが苦しくなった。また、汚染がきちんと報道されていないことや避難者支援が次々に打ち切られていくことに対して、疑問を抱くようになった。原発再稼働への国の思惑が、被害の矮小化や不可視化を生んでいるのではないか。そのような考えから、自ら声を上げるようになった。ある集会で、事故後苦しんだが避難できた自分はまだ幸せだと語ると、避難をしなかった男性から強い怒りをぶつけられ、さらに苦しんだ。

極めて線量が高いながら避難の権利が認められなかった地域の一つが伊達市である。伊達市で被災していた「わかなさん」の場合は、避難するか否かで家族内の分断が起きたという。その中で、生死に関わる決断が当時中学生であった自身に委ねられた理不尽さ、避難すると伝えた時に周囲の大人たちからかけられた言葉に苦しんでいた。その思いを著作にすることで、漸く肩の荷が下りた気がしたと語っていた。放射能汚染の実態もさりながら、国策により被害者が分断され互いに傷つけ合う社会的被害が、子どもたちにも直接的にふりかかっている理不尽だった。

別の若者二人は、保護者が避難を決断し、受け入れ先の学校で温かく迎え入れられたと語った。一方、故郷への思慕を寄せる中で、避難の是非をどのように考えるかを聞かれることもしばしばあり、やるせなさを覚えていた。心の平穏を乱されていながら、常に感謝をしなくてはならないと感じていた。避難者らしさを求められることへの違和感を一人が口にすると、他の若者たちも頷いた。避難者は幸せになってはいけないのですか。避難者たちをエンタメ化（エンターテイメント化）しないで。これは現実なんだよ。震災の記憶などいっそ風化すればよい。しかし、忘れ去られたら、また同じことが起きる。そうもいかないので、私はここにいる、と「当時の子ども」は苦しさを口にした。

いかなる経路を辿っても、子どもたちは理不尽な経験を重ね、尊厳を傷つけられていた。この思いを、私たち大人たちはいかに受け止め、自分ごとと捉えられるだろうか。当時の子どもたちの語りから教訓を得て、負の連鎖を断ち切ることはできるだろうか。私たちの覚悟が今問われている。

参考文献

青木美希（2021）『いないことにされる私たち――福島第一原発事故10年目の「言ってはいけない真実」』朝日新聞出版

髙橋若菜編著／藤川賢・清水奈名子・関礼子・小池由佳（2022）『奪われたくらし――原発被害の検証と共感共苦《コンパッション》』日本経済評論社

辻内琢也・増田和高編著（2019）『フクシマの医療人類学――原発事故・支援のフィールドワーク』遠見書房

松井克浩（2021）『原発避難と再生への模索――「自分ごと」として考える』東信堂

吉田千亜（2016）『ルポ　母子避難――消されゆく原発事故被害者』岩波新書

【分析方法としてのオラリティ】

5章　顔の見える「外国につながる住民」支援へ

丹野清人

1　オラリティの分析とは

本章は、「外国につながる住民」支援の実践活動からオラリティを考えてみたい。そのような限定のもとで考察を進めるから、ここでは支援する者とされる者とは、対面的な関係であって、ここで取り交わされる言語活動の記録をオラリティとして扱う（見ず知らずの者の言語活動の分析ではない）。また、発話された言葉だけにとどまらず、実践活動において記録された書かれた言葉もオラリティの一つとして考える。

オラリティとは何か、それを分析するとはどういうことかについて、定型化された見方が確立されているわけではない。しかし、ここでは、人々の言語活動の記録として残されるオラリティを分析するとはいかなることなのかを意識しながら、かつてレヴィ＝ストロースが『構造人類学』で提示した

「真正性の水準」（niveaux d'authenticité）をキーにして、オラリティを分析概念としても使うために必要な要件等を明らかにしてみたい[1]。これらの要件を満たした上で、筆者の考える実践的なオラリティ分析を試みてみたい。

2 「オラリティ」のバイアスを理解する

教育支援からのアプローチ

「外国につながる住民」支援は容易なことではない。２０２１年10月30日、鶴見駅近くの雑居ビルの４階で「外国につながる高校生・若者キャリア支援相談会」（以下、「キャリア相談会」と記す）がＮＰＯ法人ＡＢＣジャパン、社会福祉法人青丘社の共催で開催された。神奈川県は公立高校の入試で、「在県外国人等特別枠」（以下、「在県枠」と記す）を設けて、日本入国後の通算在留期間が６年以内の外国につながる子どもの高校受験に際し、一般枠が英語・数学・国語・理科・社会の５科目受験を必要とするのに、この枠では理科・社会を省いた３科目受験としている。２０２２年２月１日現在で、県立高校16校、横浜市立高校２校でこの募集枠が設けられている。この制度がつくられた当初は、入国後３年以内で、受験の時点で外国籍であること（「中学の段階に来日した外国人である」こと）が求められたが、入国後の期間がより長期になるとともに、受験の時点までに国籍変更した子どもも対象にされるようになって（国籍取得後6年以内とされている）、現在に至っている。

本章では、このような国籍変更により日本人となった子どもの支援も議論に含むので、「外国につながる子」として以後の議論も進めていく。神奈川県は、この制度により受験生の負担を減らし、「外国につながる住民」支援の実質化をはかっているのである。この結果、神奈川県では、公立高校に一定数の外国につながる子が進学できるようになった。だが、高校につなげればそれで終わりということはない。最終的な目標は、当然、外国につながる子が日本で勉強した後に、その知識をもとにして日本で暮らしていくようにすることである。

「キャリア相談会」にやってくる外国につながる子どもは、決して豊かな外国人子弟ではなく、NPOやボランティアに頼って高校に入るための日本語教育支援を受け、さらに高校に入った後も同様の支援を受けて高校卒業につなげていく。公立高校の生徒は親の収入によっては授業料の負担なく通える。しかし、大学となるとそうはいかない。授業料は国公立でも年間56万円以上、私立大学であれば文系でも年間100万円以上となる。親の収入を考えれば、進学だけでなく仕事＝職業に就くための道を絶えず考えていく必要がある。このような必要性からはじまったのが「キャリア相談会」だ。

まず、このような外国につながる子の支援活動に見られるオラリティを中心に、オーラル情報に基づきつつも、支援者が「外国につながる住民」支援活動をしていく際に、当事者の言語活動から得られたもの＝オラリティをどのように解釈し、さらにはそのオラリティを修正し実際の活動に用いていくのかを考察していこう。この当事者の言語活動から得られたものを支援者が実際の活動において修正していく一連のプロセスを「実践のオラリティ」と特徴づけて論じていきたい。

「外国につながる住民」支援で、最も重要なことは当事者の声を聞くことである。しかし、この場合の「当事者の声」は、「同国人の当事者の声」の理解とは大きく異ならざるを得ない。第一に、言語の問題だ。当事者が日本語で話す場合、第二言語又は第三言語として日本語を用いているのであるから、母語話者が使うのとは異なる形にしかならない。これは聞き手が相手の言語を用いる場合でも同じで、第二言語としての相手の言語を用いているのであって、聞き手の経験や能力によって、相手が語ったオラリティ（真実に語られたオラリティ）は同じであるのに、聞き手の能力次第で得られるオラリティ（理解されたオラリティ）に違いが出る。こうした言語を媒介にして「語り手」と「聞き手」のオラリティにバイアスが生じることを「オラリティの言語バイアス」（「経験バイアス」のこともある）とひとまず定義することにしよう。

同様なことは、当事者及び聞き手の制度理解によっても異なるオラリティが発生しうる。筆者は、冒頭に挙げた「キャリア相談会」で、ある外国につながる子から「先生はどこの大学ですか」と聞かれた。「都立大だよ」と答えると、「ＭＡＲＣＨと同レベルですね。そこそこ高い大学ですね」と言ってきた。何かこの「場」にそぐわない会話であった。高校に通う外国につながる子の多くが大学進学を希望している。しかし、在県枠で通ってきた者は、高校入試の段階で理科・社会のテストを免除されてきた。国公立大学の多くは、大学入学共通テストで5教科7科目を課すことが多いし、私立大学の3科目受験でも、理系にしろ、文系にしろ、理科か社会の受験は欠かせない。現実問題、在県枠の生徒の四年制大学への進学の多くは総合型選抜入試（旧ＡＯ入試）によるもので（学校推薦が多い）、一般入試を経る者は極めて少ない。しかも、キャリア相談会に来ていた学校は、職業訓練と結びついた厚生労働省所管の神奈川県立産業技術短期大学校や神奈川県立東部総合職業訓練校であったから、余計に違和感を覚えた。

本人と話していて、少しずつ理解できた。彼の偏差値ヒエラルキー理解は、彼に教育支援をしている大学生が彼に伝えて、その大学生を信用している彼が内面化した価値観であった。彼は日本で大学進学を希望していたから、そのヒエラルキーを受け入れて勉強していた。しかし、引率の先生は、親の収入や彼の在留資格を考慮に入れて、このキャリア相談会にくることを勧めていた。教育支援に関わった大学生は、盛んに「勉強すれば大学に行ける」と言ってくれ、彼もその気になっていたようだ。しかし、引率の先生は、「高校に入る前にフリースクールで日本語を勉強してから在県で入ってきました。在留資格は家族滞在で、彼が行きたい大学は年に150万円くらい授業料がかかるから、彼の両親の年収でそれを4年間払うのは厳しいと思う。それに、超過年齢なので（高校の）卒業時に二十歳を超えてしまうから、確実に日本に居させたいと思って連れてきました」とのことだった。

教育支援をした大学生は、日本人と同じように勉強さえすれば大学に行ける、という思いで彼を指導したのであろう。しかし、高校の先生は、彼が在留資格「家族滞在」であり、この在留資格は未婚で、未成年で、親の扶養を受けている時に出されるものであるから、彼がこの在留資格を継続するには学校に入る必要があることを理解していた。また、大学等の学校に入らない場合には、正社員として雇用してくれる会社を見つけ、そこで働くための在留資格に変更しなくてはならないことも理解していた。引率の先生は、本人の言うことを聞いていたが、そのオラリティを重視するのではなくて、当事者の置かれた社会的状況を理解した上で、より良い方向に導こうとしていた。

筆者が違和感を持つ会話として成立していたオラリティは、勉強すれば大学に行けるという当事者の思いと彼を取り巻く環境の間のズレを示すオラリティでもあった。オラリティには、言語活動している当事者本人の状況理解を超えて、当事者を包み込む「制度認識のバイアス」もかかってくる。

3　教室のなかの多様なオラリティ

当事者の属性とオラリティ

筆者は2018年4月から月曜日の午後に神奈川県立大師高校で、外国につながる子の学習支援を行っている。主に日本語能力検定試験向けの勉強であるが、定期テスト前にはテスト範囲の勉強であったり、受験期には推薦入試で提出する作文等の添削であったりを高校の先生とともに行っている。この「場」に出てくる外国につながる子は、国籍もさまざまであるし、在留資格もさまざまだ。

例えば、母語が中国語の生徒で、日本語能力検定試験上での級が同じであっても、大学進学において関係してくる制度的な考慮要素は異なる。第一に国籍だ。父母の一方が日本人であれば、母語に関係なく、日本国籍を持っている。さらに言えば、中国人母が日本人と再婚することになって、母の連れ子として来日し、母の結婚を機に母子が日本に帰化することもある。日本人の子が日本人になるという血統主義を原則とするからといって、国際結婚や帰化の制度があるなかでは、日本人＝日本文化のなかで育った者と必ずなるわけではない。第二に、外国籍の中国語を母語とする生徒の中にも、（1）国籍国は中国だが「定住告示」（平成2年5月24日法務省告示第132号）8号に基づいて日本滞在が認められている者（中国残留孤児とその家族がこのカテゴリーで受け入れられた）、（2）なんらかの就労資格を持った親の呼び寄せである「家族滞在」の在留資格の者、（3）（1）および（2）であったが、親の滞在が長期化し親が「永住者」の在留資格を取得したことによって「永住者の配偶者等」の在留資格を受けた者に分かれる。

言うまでもなく、外国につながる子の日本滞在は、本人が選択したものではない。親の結婚や就労を通して、たまたまそのような状況になってしまったものだ。クラスには、高校に入る前のフリースクールやNPOでの日本語教室の段階から一緒に学んできた者も多く、皆同じような夢を持っている。高校での勉強の後は、日本での大学進学がそれである。

同じ夢を持ち、同程度の学業上の成績であっても、本人にはどうすることもできない在留資格が将来を分断する。とりわけ、「家族滞在」の者が隘路に陥り易い。日本国籍を持っていたり、外国籍であっても「定住者」や「永住者の配偶者等」の在留資格であったりすれば、大学進学の際に日本学生支援機構（JASSO）の奨学金を得ながら大学に行くことを考えることもできる。しかし、「家族滞在」の在留資格は呼び寄せた親（外国人）が全責任を取ることで呼び寄せを認めたものとされるから、この在留資格の者は「生活保護」、「医療扶助」、「児童扶助」といった公的扶助を受け取ることはできないとされているし、進学に当たっての奨学金からも排除されているからだ。

では、この点で、日本国籍を持っている者が一番有利になるのかと言えば、必ずしもそうではない。

大学入試では、外国人特別入試等のように外国人を対象にした募集枠が用意されているが、これらの多くは外国籍者に用意されているのであって、帰化して日本国籍になるとこうした制度からは漏れ落ちてしまうのだ（二重国籍者も排除される）。日本国籍を持っていても、日本語教育の支援を受けている者が、小さい頃から塾や予備校に通った日本の高校生と一緒に受験しても太刀打ちできないことが多いのは言うまでもない。

これらから、制度的にかかってくる要件の違いが、当事者の利用できる資源の違いを生み出してしまっており、母語が同じで、なおかつ同程度の日本語の会話能力・教科学習上の理解力であっても、それぞれの外国につながる子への支援のあり方は変わらざるを得ない。ましてや現実の教室のなかでは、日本語の能力もさまざまであるし、得意科目の違いもある。中国語以外にヴェトナム語を母語とする者もいれば、スペイン・ポルトガル語を母語とする者もいるし、タガログ語やモンゴル語を母語とする者もいる。必然的に学習支援も、同じ教室での学びであるにもかかわらず、限りなく個別対応にならざるを得ない。

4 「場」によって異なるオラリティ

実務家の仕事からのアプローチ

筆者は、これまで外国人労働者に関する質的調査を行ってきた。しかし、２００５年頃から筆者の質的調査の大部分は裁判になったケースに関するものが多くなった。そのきっかけを与えてくれたケースから、口述で伝えられるものの分析＝オラリティの限界を考えたい。

ここで論じるケースは、筆者の『「外国人の人権」の社会学』（丹野 2018）の第2章「外国人少年非行の社会学」で詳細に論じたものである。簡単にどのようなケースなのかを示すと、日系二世である母がデカセギで来日し、1年後に小学校高学年の少年A（日系三世）が呼び寄せられた。母は再婚したので義父と来日し、デカセギ就労していた。呼び寄せられたが、義父や母との日本での生活に少年Aは馴染めず、次第に不良少年とつるむようになり、窃盗事件や覚せい剤取締法違反事件をおこした。少年Aは少年院送致となり、素行が問題視され、出所間近の頃から退去強制手続きの取られた事例である。

このケースでは、複数回の窃盗事件に加えて覚せい剤取締法違反事件でも有罪判決が下されており、当人の悪質性も問われていた。しかし、①非行に走らざるを得ない生育環境にあったことや、②非行に走りつつも常に家族のために働いてきたこと、③非行に走る原因の一つが母からのネグレクトにあったこと、④収監を機に母もこれまでの自分と向かい合い、何度も少年院に訪れて少年のサポート等を誓っていたこともあり、これらが総合的に評価され、少年Aの更生する環境は整っていると認められた。その結果、退去強制手続きが撤回されて、在留特別許可が発付された事案であった。

筆者は、このケースの母子に、上記「外国人少年非行事件」として問題化する以前に会っており、母子双方から話を聞いたことがあった。この母子が、夫（少年から見れば義父）からのDVから逃げるために、筆者も関わっているDVシェルター（以下、「DVシェルター」を単に「シェルター」と記す）に逃げてきたからである。シェルターは、暴力を振るう夫やパートナーから逃れてきた者が安全に暮らすことを目的としているから、世間一般には所在地を公表していない。県や市区町村といった自治体、警察、婦人相談所や児童相談所、弁護士会等の関係機関以外では、過去の利用者や支援に関わっている者しか所在地を知る者はいない。しかし、夫がどうやって調べたのか分からないが、所在地を割り出し、シェルターの玄関にまでやってきて、母子を取り戻そうとすることまで引き起こした。シェルターにとっても忘れることのできないハードケースとなった事案である。

ハードケースであったからこそ、母子からは家族の問題を含めて多岐にわたる聞き取りを行い、その事情をスタッフが理解した上で、母子への支援に取り組んだ事案であった。シェルターで聞き取っていた内容は守秘義務の関係からここでは一切出せないが、数年後に「外国人少年非行事件」となった際に母の口から発話されたオラリティは、シェルターで聞いていたオラリティとは大きく異なるものであった[2]。

シェルターのオラリティ vs 弁護士のオラリティ

シェルターに逃げてきた女性が、長期の暴力により、人間不信になっていることは珍しいことではなく、何の関係性もない人（シェルタースタッフ）に、最初から自身の本当の思いや状況を語る者はまずいない。当事者がスタッフとの間に信頼関係を見出して、はじめてポツポツと事情を語り始め、この語りを一つずつ集めていって、彼女のオラリティを見出す。このように相手の善意に頼るオラリティを「シェルターのオラリティ」としよう[3]。

だが、「弁護士のオラリティ」は違う。一つひとつ聞いていく点では「シェルターのオラリティ」とかわるところはないが、弁護士は、時間的経緯の順番であったり、聞き取った内容の矛盾があったりした時に、さらに詰める質問をして矛盾を消そうとする。「シェルターのオラリティ」でも矛盾を消そうとはするが、本人が言いたくない時に、さらに問い詰めはしない。しかし、弁護士は、クライアントの弁を信用して、法違反に加担するようなことはあってはならない。場合によっては、自身が懲戒にかけられることもあるからだ。そのため、弁護士が矛盾に納得できない時には、「それでは私はあなたの事件を受任できません」と言うことになる。

シェルターは逃れてきた人に「あなたの言うことには矛盾が見られるから出ていって下さい」と言うことはないし、このような言葉を投げてしまうならば最初からシェルター活動などできない。だが、弁護士が見出そうとするオラリティは、裁判所で証拠として提示しなくてはならないオラリティだ。だからこそ、当事者の善意に依存しようとはしない。当事者の言うことには嘘が混じることもあるからだ。半ば「真実を話さないならば、あなたのケースからは降りる」というトリガーを引きつつ集められる。ここでのオラリティは、「シェルターのオラリティ」よりも当人にとって都合の悪いことを含めた実態の語りとなる。こうして集められるオラリティを「弁護士のオラリティ」と呼ぶならば、「弁護士のオラリティ」は「シェルターのオラリティ」よりも当事者の客観的な実態により近似していると言えよう。

具体的に言えば、本ケースでの「シェルターのオラリティ」と「弁護士のオラリティ」の違いは、母親の生育環境についての理解であった。シェルターにいた頃から、スタッフは私に「丹野さん、私たちお母さんのネグレクトを疑っているんだよね。（疑いはしたが、その確認は最後まで取れなかった。）」との語りを何度もしていた。シェルターでは、母が自らそれを話してくれるのを待つしかない状況であったし、その根源まで問うことはできなかった。しかし、弁護士は、少年Aに対する退去強制令が執行され始めていたので、時間的余裕のない中で、母には厳しい質問を繰り返しつつ、①母が今の夫の暴力に苦しめられる以前に、出身国での幼少期から、家族からの暴力を受け続け、そうした生育環境の中で自己のパーソナリティを形成しなくてはならなかったこと。②家族からの暴力から逃げるようにして結婚相手（前夫）を決めて少年Aを身籠ったが、その前夫からも捨てられてしまいさらに家族に対するトラウマを大きくし、これらのことによって③少年Aと向き合えなかったことを細かく聞き出していた。

母にとっても厳しいことを聞き出す過程を通して、母は自身に向き合い、少年Aの非行に走ってしまった経緯にも向き合うことができた。そして、母は少年院に面会に行った際に、自らの過去を伝えたうえで、ネグレクトしてしまっていたことを少年に直接詫び、少年もまたそれを受け入れたのであった。この一連の過程を確認した法務省職員は少年の更生可能性を認め、退去強制令の執行停止が行われた。その後、在留特別許可がなされ、少年Aは引き続き日本に合法的に滞在できるようになった。

「弁護士のオラリティ」は「嘘を言うならば引き受けない」というトリガーがあることで、本人が他者に隠しておきたいことをも告白させ、そのことによって自己との対峙・対話も行わせる。単に、より客観的な実態に迫ることを可能にさせるばかりか、「弁護士のオラリティ」は当事者自身の自己変容・家族変容をも引き出したのである。

5　分析的オラリティとレヴィ＝ストロース

「真正性の水準」からのアプローチ

筆者の理解するオラリティとは、小田亮が「他のひとびととの対面的なコミュニケーションや関係性による小規模な『真正な社会』の様式」と説明した状況下における言語活動である（小田 2008：297）。もともとこの概念は、レヴィ＝ストロースが、文化人類学が伝統的に対象としてきた無文字社会のような小集団と現代資本主義のもとでの都市や国家のようなさまざまなメディアを媒介として成立する社会との質の違いを論じた概念であった。しかし、小田は、「真正性の水準」が問題になるのは、無文字社会と高度化された現代社会の対比の中にとどまるものではなく、本来のレヴィ＝ストロースの議論を超えて、「顔の見える対面的な場」に普遍的に使用可能な概念であると論じる。しかも、その際には、高度に分業化された現代社会では、いくつもの対面的コミュニケーションに基づく「場」に参加しつつ個人は日常生活を送っているのであるから、現代人は日々いくつもの「真正性の水準」の異なる「場」を出たり入ったりしている」と論じるのだ（小田 2000）［4］。

本章では、順に、「キャリア相談会のオラリティ」、「教室のなかのオラリティ」、「シェルターのオラリティ」、「弁護士のオラリティ」を、対面的なコミュニケーションの起きる「場」の違いとして示した。どれも、社会的な目的を持つ「場」であり、一定の固定したメンバーにおける対面的コミュニケーションがあって初めて成立する。そして、これらの活動での「真正性の水準」は、小田の指摘するように「場」が設定された目的に応じて、求められる水準は異なる。

第1節で論じた「MARCHと同レベルですね。そこそこ高い大学ですね」というオラリティは、教育支援を行った大学生が、日本の大学への進学を希望する外国人生徒に受験勉強を教えたことで、日本の高校生の持つ受験ヒエラルキーの内面化に導かれていたことを物語る。このオラリティの示すものは、外国につながる子が、日本人と全く同じ条件のもとで自身の進学を意識しているということだ。

だが、彼だけでなく、家族の状況まで知っている高校の先生からすると、同じ「キャリア相談会」の「場」でも「高校に入る前にフリースクールで日本語を勉強してから在県で入ってきました。在留資格は家族滞在で、彼が行きたい大学は年に150万円くらい授業料がかかるから、彼の両親の年収でそれを4年間払うのは厳しいと思う。それに、超過年齢なので卒業時に二十歳を超えてしまうから、確実に日本に居させたいと思って連れてきました」となる。ボランティアとして外国につながる子の思いを純粋に叶えてあげたいと思う大学生と、親の状況や社会制度を熟知した上で生徒と親にとって無理のないところで外国につながる子の将来を考える先生との違いが、オラリティの違いを生み出している。

筆者は先にこの違いを「制度認識のバイアス」と論じたが、これは同じ対象者（同じ外国につながる子）に対する「役割のバイアス」が発生させているオラリティとも言えるだろう。つまり、同じキャリア相談会の「場」でのオラリティも「真正性の水準」を通して見ると、単なる発話された言葉の違いなのではなく、その発話・言語活動の背後にある社会関係や当事者を取り巻く社会そのものの理解の違いとなって表出し、同じ「場」のオラリティそれぞれを区別して理解することが可能になる。

同様な現象は、同じ対象者に対する「シェルターのオラリティ」と「弁護士のオラリティ」との違いにも見て取れるだろう。シェルターは逃げてきた者とその家族を匿うから滞在中は24時間付き合っている。もちろん、逃げてきて、DVからの恢復も十分になされていないなかでは、本人から聞き出せることにも限りがあるし、何よりも本人の心の安定が得られることに主眼が置かれる。一方、「弁護士のオラリティ」では、母の少年Aの国外退去をなんとか阻止したいという目的もあって、より積極的に自身と少年Aの状況やこれまでの経緯を自ら語り出さなくてはならないコンテクストに置かれている。話さなくてもいい環境と良いことも悪いことも包み隠さず事実を話さなくてはならない環境という、当事者にとっての環境・コンテクストの違いの存在が横たわっている。同じ個人のオラリティを考察する際に、発話内容がどうであったのかよりも、問題とする言語活動が行われたときの環境・コンテクストのバイアスがオラリティに出ているのである。

結局のところ、「真正性の水準」とは、対面的コミュニケーションの際に、「どの程度まで相手を知っていなくてはならないのか」というシンプルな原理だ。この場合の「どの程度まで相手を知る」かは、当該の対面的コミュニケーションがいかなる目的で行われるのかによって変化する。また、相手の言語への理解が高く「言語バイアス」が小さいほど、その程度は当然に上がるものになる。

だが、「真正性の水準」が高ければ、より高いオラリティの分析につながると言えるのかとなると、簡単にはそうは言えない。例えば、シェルター活動を行ううえでは、「シェルターのオラリティ」で十分であるし、それ以上に無理に踏み込むことは、場合によっては、当事者を傷つける（二次的ハラスメント）という目的を逸脱した結果になりかねないものとなる。シェルターの活動が、「弁護士のオラリティ」、「シェルターのオラリティ」を求める必要はないのだ。つまり、「キャリア相談会のオラリティ」、「教室のなかのオラリティ」、「弁護士のオラリティ」のどれもが、特定の目的のためのオラリティであり、コミュニケーションを行う目的そのものが異なるので、それぞれのオラリティに上下の区別をつけることはできないのである。

これら四つのオラリティは、それぞれの実践活動に結びついて、すべてその「場」で行われていた「実践のオラリティ」であって、この点に関する嘘はない。何が語られていようと、そういう語りがそこにあったのだ。すると、発せられた言葉を記述する・記録するだけではオラリティの分析にはならない。オラリティを分析するということは、言語活動の記述・記録を超えて、①コミュニケーションの「場」の目的、②当事者の持っている目的達成のための知識、③その目的達成のために動員できる資源についての理解、④当事者がオラリティとして残した記録を行った際の当事者の置かれた環境・コンテクストを総体として理解するということにつながらなくてはならない。この分析を行う際に、上下関係に区別できないオラリティに、「真正性の水準」を入れると、「言語バイアス」、「制度認識のバイアス」、「役割のバイアス」、「環境・コンテクストのバイアス」のような、違いを認識することのできるメルクマールを導入することができるようになるのだ。

6 終わりなきオラリティ分析

「真正性の水準」が上がるとは

2022年2月25日、神奈川県立大師高校での外国につながる子の卒業発表会が開催された。在県枠で入った3年生が、下級生の外国につながる子に、(1)どのような苦労があったのか、(2)その苦労を乗り越えてどのような進路に進むことになったのかを報告する会だ。筆者は、部外者であるが、ここ数年大師高校での学習支援に継続的に関わってきたこともあって、彼・彼女たちの卒業発表会にも呼ばれて、参加することができた。

発表会が終わって、「丹野先生へ この三年間、先生から大変いろいろお世話になりました。本当に先生にはありがとうと言いたいです。先生のおかげでレポートを書く能力と日本語能力が非常に伸びていました。大学で丹野先生のような先生がいたらいいなとずっと思っています。また先生の生徒に感謝の気持ちをよろしくお伝えください。先生と出会えたことは本当に嬉しかったです。その優しさは一生でも忘れません。大学に入っても、先生から教えていただいたことを胸にこれからの新生活を一生懸命頑張っていきます。丹野先生も体に気をつけて、いつまでもお元気でいてください」という手紙とボールペン、そしてハンカチをもらった。筆者は、彼女たちが大学入学後の費用のために、高校在学中からアルバイトをし、それを貯金していたことを知っていたこともあり、このサプライズはただただありがたかった[5]。

コロナ禍で、高校が学校閉鎖になることもあって、学習支援はしばしばZOOMによる遠隔補習に変わることもあった。そのようなこともあり、ZOOMを通してではあるが、彼女たちの親・兄妹とも話す機会を持てたし、家族関係まで垣間見ることができた。手紙や記念品までもらえたのは、筆者が経験した「教室のなかのオラリティ」が一段高いところに進んだと考えることもできるだろう。「真正性の水準」が変化したのである。

発話対象の分析から自己の認識枠組みへ

外国につながる子の支援は、その当事者に固有の本人の状況・家族の状況によって、何が必要になるのかは異なる。国籍がこの国だから「このタイプの支援になる」にはならず、本人や親の在留資格、家庭の収入状況等々の個別的な事情がわからないことには適切な支援は行えない。しかし、その適切な支援も、なんの支援を行うかによって、知らなくてはならない情報が異なってくる。「実践のオラリティ」として一括りにはできないのだ。そのことは「キャリア相談会のオラリティ」、「教室のなかのオラリティ」、「シェルターのオラリティ」、「弁護士のオラリティ」の違いにも出ていたであろう。

しかし、どのオラリティの領域でも、対面的コミュニケーションが成立していることが前提であり、その意味で「顔の見える関係（相互に相手を認識できる関係）」であるのだ。しかし、顔の見え方は、筆者の「教室のなかのオラリティ」の「真正性の水準」が上がったように、相手と相手をめぐる関係に深くコミットしていくと変化が生じる。「真正性の水準」が上がると、今までわからない・理解できないでいたために見過ごしていた部分に気づくことができるようになるからだ。

だが、「真正性の水準」が上がるということは、解釈できないでいたものができるようになる反面、理解できることが増えることによって、自分が行ってきた解釈のあり方を変えたり、場合によっては全面的にそれを訂正したりする必要も出てくることもあろう。すなわち、オラリティを分析していくということは、一見すると相手の言語活動を分析しているのだが、単に客体としての相手を分析しているのではない。それは観察する側が持つ相手を見る見方・捉え方の全体図を毎回書き換えつつ、確認していることに他ならない。観察する側の視点の改訂が行われるたびに、見取り図もまた刷新しているのであるから、結局のところ、オラリティ分析は観察者自身の対象への見取り図認識＝自己の認識枠組み理解として現れるものとなる。

オラリティを分析することとは、「私たちは誰であろうと偏見なしにものごとを見ることはできないのです。私たちはいつでも偏見をもって見ています。民族学者の仕事は、偏見をもって見ながら、自分に偏見があること、自分の偏見を自覚したこと、自分の偏見が判断に影響を与えていること、だから、その判断を修正しなくてはならないことを、一刻一刻と学んでゆくことなのです」（レヴィ＝ストロース 1979：149）というレヴィ＝ストロースの言葉と同じところに行き着く、と筆者は考えている。（1）言語活動を行った発話主体の意識と彼・彼女を取り巻く関係性、（2）聞き手の問題意識と聞き手の社会的背景、（3）発話主体と聞き手が置かれた環境・コンテキストを一体として理解し、（4）自身の認識枠組みの自覚を問題視するオラリティの分析は、対象へのより深い理解と対象把握の認識枠組みの高度化へと導くことになる。そして、人はオラリティの「沼にハマる」のである。

謝辞

高校の支援活動は三菱財団の助成を受けている。

注

[1] この概念は『構造人類学』では、第17章「社会科学における人類学の位置、および、人類学の教育が提起する諸問題」で論じられており、そこでは「正真性の基準」と訳されている。

[2] 筆者は弁護士事務所で、この母とも再会し、何度か声をかけた。時には、彼女が弁護士事務所に「息子がお世話になっているから」と言って持参したエンパナーダ（三日月型をしたミートパイのようなもので、具材にはさまざまなバリエーションがある）のお裾分けをいただき、一緒に食べたこともあった。

[3] 社会学者をはじめとする研究者が、聞き取り調査で聞き取ったデータも限りなく「シェルターのオラリティ」に近いと評価できる。聞き取り行為自体が善意に基づくものであり、対象者の発話のなかに例え嘘が混じっていたとしても、それを咎めることはできない。「弁護士のオラリティ」のようなトリガーのないところで集められる口述記録に共通する性質と言えよう。

[4] 小田は『レヴィ＝ストロース入門』では、「真正さの水準」とのタームで論じているが、このテーマをよりアカデミックに論じた『思想』のレヴィ＝ストロース生誕100周年を記念した特集号では、これを「真正性の水準」と論じている。本章では小田の『思想』論文に合わせて「真正性の水準」として論じる。

[5] あまりにもったいなく、筆者はいまだに箱からボールペンを出せないでいるし、ハンカチも箱に入ったま

ま本棚に飾ってある。

参考文献

小田亮（1989）『構造主義のパラドクス――野生の形而上学のために』勁草書房
――（2000）『レヴィ＝ストロース入門』筑摩書房
――（2008）「『真正性の水準』について」『思想』1016号：297-316.
クロード・レヴィ＝ストロース／荒川幾男・生松敬三・川田順造・佐々木明・田島節夫訳（1972）『構造人類学』みすず書房
――／大橋保夫編／三好郁朗・松本カヨ子・大橋寿美子訳（1979）『構造・神話・労働――クロード・レヴィ＝ストロース日本講演集』みすず書房
丹野清人（2018）『「外国人の人権」の社会学――外国人へのまなざしと偽装査証、少年非行、LGBT、そしてヘイト』吉田書店

コラム3

ハルモニたちの作文と日常のオラリティ

小松　恵

――アンニョンハシムニカ（안녕하십니까）～！

――おはようございます～！

毎週水曜日の午前10時すぎ、ハルモニ（할머니：おばあさん）たちが職員やボランティアに支えられながら送迎の車から降りてくる。京浜工業地帯のほど近くに位置する川崎市ふれあい館の高齢者事業の一つ「ウリマダン（우리 마당：私たちの広場）」に参加するためである。一帯は在日コリアンの集住地域として知られており、１９７０年代以降は在日コリアンと日本人の連帯による権利獲得運動の拠点ともなった。現在では１９９０年代以降に来日したニューカマーの外国人も生活する地域となっている。ふれあい館は、児童館機能と社会教育事業を行う川崎市の施設として１９８８年に開館した。多様な地域住民のために取り組みを続けてきた社会福祉法人青丘社が川崎市から運営を委託されている。

ウリマダンは、ふれあい館の開館と同時期に発足した識字学級が前身である。当時は、子育てや仕事が一段落ついた在日コリアン一世の女性が中心的な学習者であった。在日コリアン一世の女性は、日本による朝鮮半島への植民地政策により儒教的ジェンダー観が強化され「女は学問をすると生意気になる」などと言われ、不就学の状態に多くが置かれていた（金 2005）。その後も、日本語も朝鮮語も学ぶ機会を得られずに非識字のまま高齢期を迎えており、自分の氏名や住所も書くことができず、役所や銀行で恥ずかしく悔しい経験をした人も多い。

1990年の国際識字年を機に、一部部落解放同盟や横浜寿町の識字学級などと交流を重ねる中で、ふれあい館の識字学級では、在日コリアン一世の生活に寄り添った自主教材『ふれあうこころ・ことば』が製作され、学習者をサポートする職員やボランティアを、一方的に日本語を教えるのではなく、学習者の経験や生き方、歴史や文化などから「ともに学びあう」関係であると位置づけた「共同学習者」の理念も形成されていった（川崎市ふれあい館・桜本こども文化センター 2018）。

ハルモニの記録集・書籍の一部

2022年現在のウリマダンには在日コリアン一世だけではなく、在日コリアン二世、ニューカマーの韓国人、日系ペルー人のハルモニたちも参加しており、文字学習というよりも、経験や想いを語り、作文に書き残す活動や、絵を描く活動、その他さまざまな作品づくりなど多岐にわたる活動を行っている。特にハルモニの書いた作文は、『わたしもじだいのいちぶです』（康・鈴木・丹野編 2019）をはじめ記録集や書籍として出版され、ハルモニの生活史を記録・発信する場ともなっている（写真）。

作文を書く際には、最初に共同学習者が教材を提示しハルモニたちの語りを促し、その後ハルモニと共同学習者がペアとなり作文を書いていく。作文を書いた経験のないハルモニや、自信のないハルモニもいるため、共同学習者がハルモニの語りをもとに内容を提案したり、自信が出るよう励ましたりしながら書き進めていく。もちろん、共同学習者の提案が「それは違う」と拒否されることや、励ましが何の意味も持たないことも多々ある。こうした週に一度のハルモニと共同学習者のコミュニケーションの繰り返しの中で、ハルモニの経験は文字となり、作文として綴られてきた。

しかし、ウリマダンでハルモニたちにより語られる経験は、ハルモニたちが実際に経験したことの一部でしかない。また、作文に文字として綴られる経験は語られたことの一部でしかなく、これまでに書かれてきた膨大な量の作文のうち、記録集や書籍に掲載される作文はそのさらにごく一部でしかない。つまり、記録集や書籍に掲載されている作文は、社会への発信という意義を持ちながらも、ハルモニが持つ生活史のほんのひと握りにすぎないのである。そして、その取捨選択は、ハルモニと共同学習者との相互作用のうちに行われている。そのため、共同学習者もハルモニの語りや作文に多大な影響を与えており、マジョリティや識字者としての権力をハルモニたちに振りかざしていないか、共同学習者としてどのような関係を築くべきかなど、常に自らの姿勢を問い直していく必要がある。

一方で、ハルモニと共同学習者の間には、作文を書くときの語りや文字として示されてきたことだけではなく、ウリマダンという継続的かつ対面的な活動の中で培われてきた日常のオラリティが存在する。ハルモニと共同学習者がコミュニケーションを行うのは作文を書くときだけではない。送迎の車での行き来やちょっとした活動の間の雑談、作文以外の活動など、多くの機会がある。ちょうど先日、花見をしに多摩川沿いに行ったところ、普段は足腰が痛いと嘆いているハルモニが一目散に土手を駆け下りて、ヨモギを摘むのに熱中していた。車椅子のハルモニも共同学習者にヨモギを摘むように頼み、ヨモギを片手に満足気にしていた（2022年3月30日）。ハルモニたちは食べることのできる野草を見つける力を持っており、ウリマダンで交わされる日常のオラリティにより、ハルモニたちが食べ物のない貧しい時代をそうして生き抜いてきたことを、共同学習者は知っている。

先述したように、社会に発信されるハルモニの生活史はごく一部でしかない。だが、ハルモニたちが文字を学び、現在まで活動を続けてきた中で、日常のオラリティがハルモニたちと共同学習者の間には共有されている。作文に文字で示された経験の背景には、そうした生き生きとしたコミュニケーションが存在しているのである。

参考文献

川崎市ふれあい館・桜本こども文化センター（2018）『だれもが力いっぱい生きていくために――川崎市ふれあい館30周年事業報告書（1988～2017）』

康潤伊・鈴木宏子・丹野清人編（2019）『わたしもじだいのいちぶです――川崎桜本・ハルモニたちがつづった生活史』日本評論社

金富子（2005）『植民地期朝鮮の教育とジェンダー――就学・不就学をめぐる権力関係』世織書房

6章　現場で交錯する実感と歴史との「連累」
――なぜ大久野島を語り継ぐのか

廣本由香

1　なぜ語り継ぎ、どのように語り継ぐのか

終戦から75年以上が過ぎ、戦後生まれの国民が8割を超えた。戦争体験者の減少を背景に、戦争体験の継承・伝承への取り組みが社会的に要請され、広島市では2012年度から被爆体験伝承者養成事業が開始され、被爆体験や平和への思いを受け継ぐ伝承者の養成研修が行われている。長崎市でも2014年度から語り継ぐ被爆体験推進事業が開始され、体験者の記憶を非体験者が受け継ぐ試みが進められている（安斎 2016）。このように戦争体験者の記憶の継承・伝承は各方面で進められているが、事業によってその方法は様々であり、伝承者（語り手）によってもその捉え方や実践は多様である。現在まで、戦争体験者から非体験者の語り手への継承・伝承が進められているが、体験者が近い

将来不在になれば、非体験者から非体験者への継承・伝承に切り替えざるを得ない。

戦争体験者の記憶を断絶させないためにも、いまいちど語り継ぐとはどういうことなのかをじっくり考える必要があるのではないか。本章の目的は「毒ガス島歴史研究所」「大久野島から平和と環境を考える会」の山内正之氏（以下敬称略）の広島・大久野島での取り組みから、現在・後続世代の非体験者に歴史を語り継ぐとはどういうことなのかを考えることにある。

広島県竹原市忠海の沖合に浮かぶ大久野島では、1929年から1944年まで日本陸軍によって秘密裡に毒ガスが製造されていた。毒ガス製造にかかわった工員や軍人、動員学徒、戦後の解体処理作業に携わった作業員の多くは、慢性気管支炎等を患う「毒ガス障害者」として段階的に認定され、特別・医療手当てを受けている。こうした毒ガス製造や解体処理の過程で被毒して受けた被害の歴史にくわえ、大久野島で製造された毒ガスが第二次世界大戦で使用され、中国などで被害者を出した加害の歴史を語る取り組みが、数少ない体験者とその意志を受け継ぐ「毒ガス島歴史研究所」のメンバーによって行われてきた[1]。

本章では、第一に山内のライフヒストリーから、なぜ山内が大久野島の歴史を語り継いでいるのかということ、第二に大久野島でのフィールドワークから、山内がどのように現在・後続世代の非体験者に語り継ごうとしているのかということに着目する。

ここでは非体験者への継承・伝承を社会的課題として考えていくためにも、テッサ・モーリス＝スズキの「連累（implication）」を手がかりとする。「連累」とは、過去との直接的・間接的関連の存在と、「事後共犯（an accessory after the fact）」の現実を認知するという意味である[2]。別言すれば、現在の世代は過去の侵略・暴力行為やその結果に法的・倫理的責任はないが、この過去の出来事に「連累」している。つまり、現在の社会構造や制度、組織、概念は歴史的に構築されたものであり、それが建設的に構築され、富や恩恵を生み出してきた場合もあるが、他方でそれが過去の暴力行為や抑圧的な制度との地続きで築かれ、何らかの差別や排除、不正義を再生産してきたことも否定できない。こうした場合、現在に生きる人びとは直接的な原因責任は負っていないが、歴史の産物を取り除くために「積極的な行動」や「歴史への真摯さ」が求められるのである（モーリス＝スズキ 2013, 2014）。

この「積極的な行動」とは、本事例においてはその主体が山内で、行動としては大久野島の歴史を語り継ぐことであり、それには毒ガス製造の被害と加害の両視点が含まれる。戦中生まれであるが戦争の記憶を有さない山内が、なぜ大久野島の歴史を語り継ぎ、どのようにして現在・後続世代の非体験者に語り継ごうとしているのかを論じていく。

2　大久野島の歴史——終わらない被害と加害

観光化された「ウサギの島」

大久野島は、広島市から東へ直線距離で約70キロメートル、竹原市忠海町の沖合約3キロメートルに浮かぶ全島面積0・7平方キロメートル、周囲4・3キロメートルの小島である。

近年の大久野島は「毒ガス島」「戦争の島」というよりも、野生のウサギを観光資源とした「ウサギの島」として知られている。竹原市産業振興課によると、2013年は年間約12万5000人だった来島者が、2017年には40万7000人にまで伸び、なかでも外国人観光客が目立つようになった[3]。山内が「ウサギで観光客が増えて、毒ガス資料館に来る人も増えとることはいいことだけど、大久野島は『ウサギの島』じゃなくて『毒ガスの島』ということは伝えていかないといけんね」[4]というように、カメラやスマホを片手に多くの観光客が大久野島を訪れることは決して悪いことばかりではないが、観光化によって歴史的風景が薄れるとともに、大久野島の歴史的意義が見失われつつあることが危惧される。

秘匿の「毒ガス島」

大久野島が「毒ガス島」へと変化していく歴史的過程をみていこう[5]。第一次世界大戦後、日本は毒ガスの使用を禁止したジュネーブ議定書（1925年）に調印はしたものの、批准はしなかった[6]。その2年後、1927年に大久野島では毒ガス生産に必要な工場と諸設備の建設が始まり、全ての土地が接収され、全島が立ち入り禁止の軍用地となった。1928年に陸軍造兵廠火工廠忠海兵器製造所が設置され、1929年に毒ガスの製造が開始された。

軍事機密保持のために大久野島の存在は隠され、秘密厳守が徹底された。工員は入所時に誓約書を書かされ、大久野島について口外することを禁じられた。忠海の住民に対しても、大久野島を長時間眺めたり、大久野島がよく見える場所への立ち入りを禁止し、不審な行動をとる者がいた場合は憲兵隊の詰所か警察に通報するように命令が出されていた。あわせて、1938年に大日本帝国陸地測量部から発行された大久野島周辺地図では大久野島の全貌は白く切り抜かれた。軍事機密として消された大久野島は「地図から消された島」(武田 1987)と呼ばれるようになった。

1940年には、東京第二陸軍造兵廠忠海製造所に改組された。1943年には学徒動員が始まり、大久野島には軍人や工員だけでなく、近隣地域の中学生や女子学生なども多数動員された。大久野島では合計で約6700人が毒ガスの製造や、それに関連した作業に従事したと推定される。

工員は、猛毒のイペリット、ルイサイト、青酸ガスの製造には防毒面と防毒服(タコ)を着用し、「完全防備」で作業にあたっていた。けれども、防護服の隙間から気化した毒ガスが侵入したり、古い防毒服の中に毒剤が染み込んだりして工員の身体は蝕まれていった。当時は秘密厳守が徹底されていたため、毒ガスがいかに危険で身体に害を及ぼすのかを工員は知らされずにいた。被毒した工員は夜に眠ることができないほど酷い咳や呼吸困難に悩まされ、癌で死亡する人も少なくなかった。

日中戦争の開戦を境に毒ガスの生産量が急増し、中国各地での実戦使用が本格化した。日本軍の毒ガス戦に詳しい吉見義明によれば、忠海製造所で生産された毒ガスの生産量は、日中戦争が始まる1937年に310トンへと急増し、1941年には総生産量の4分の1にあたる1579トンに達した。1944年までの総生産量は6616トンであった(吉見 2017:148-152)。

日本陸軍は中国軍に対する毒ガス兵器の使用だけでなく、民間人に対しても毒ガス兵器を使用して殺傷した。日本陸軍の残虐な毒ガス作戦の一つに河北省北坦村での毒ガス虐殺事件がある。１９４２年5月、北坦村に攻め込んだ日本陸軍は、子どもや老人など多数の村人が身を潜めていた地下道に毒ガス弾を投げ込み、出入り口を布団などで塞いで密閉し、外に逃げ出さないようにして虐殺した。その上で、何とか地下道から地上に逃げた村民までも待ち受けて惨殺（射殺、刺殺）したのである（石切山 2003）。

しかし、日本の敗色が濃くなった１９４４年7月には、毒ガスの使用中止を命ずる東条英機参謀総長の指示が発令された（吉見 2017：185）。これと時期を同じくして、忠海製造所での毒ガス製造も中止させられた。

翌年8月15日、忠海製造所の工員らも敗戦の事実を伝える玉音放送を聞いた。数日経つと、毒ガス製造従事者は毒ガス製造の罪で戦争犯罪者として進駐軍に拘束されるのではないかという噂が広まっていた。それまでの毒ガス製造による恐怖は、瞬時に「戦争犯罪」という恐怖に変わった（村上 1998：36–37）。

同年9月に忠海製造所は閉鎖となり、当時の従業員約１３００人のうち8割は解雇された。残った従業員は工場の整理をさせられ、進駐軍の指示のもと毒ガス工場の解体作業や処理作業にあたった。工場装置の解体作業の際に、工務掛（係）長が訓示で放った「君たちは最悪の場合、毒ガス製造の罪で占領軍に拘束されるかも……」という言葉が工員たちの不安を招き、製造に従事したという証拠品を焼却処分する人が大勢いた（村上 1992：55）。

日本は戦時中に中国で少なくとも２０００回以上毒ガス兵器を使用し、8万人以上の中国人を殺傷したことが中国の調査などによって明らかになっている。当然、１９４６年の東京裁判でも日本軍の毒ガス使用は追訴されるはずであったが、米ソ対立が激化しつつある中で、毒ガス戦の優位性を手放したくない米国によって、日本軍の毒ガス使用の追及は阻止された（吉見 2017：261-272）。日本軍の毒ガス使用の事実は世界に公表されず、その事実も曖昧になり、日本人被害者とともに中国人被害者への謝罪も補償もないまま今日に至っている。

遺棄毒ガスによる環境汚染とリスク

敗戦時に大久野島には毒ガス剤が多く残されていた。先に述べたとおり、総生産量は約６６１６トンであったが、その約半分の３２００トンが大久野島やその付近に貯蔵されていた。

１９４５年10月に米軍化学部隊が大久野島に上陸し、毒ガス工場の調査と毒ガス処理を試みようとした。しかし、大久野島と周辺に残されていた毒ガスがあまりにも多量であったため、すぐに処理に取り掛かることができず、大久野島でできる範囲の作業と一部の処理だけを行い、１９４６年１月に撤退した。呉に駐屯していた英連邦軍の指示のもと帝人株式会社三原工場によって毒ガス剤や毒ガス弾の撤去作業が再開されたのは、同年5月であった。処理は海洋投棄と焼却処理、島内の防空壕への埋設処理の三つの方法で進められた。

毒ガス工場の解体後、１９４７年に大久野島はＧＨＱから日本に返還されたが、１９５０年に朝鮮戦争が始まると、翌年には米軍が弾薬貯蔵に使うために接収した。１９５６年に米軍が大久野島の管理を停止し、翌年に日本に再返還されるまで、島への一般人の立ち入りが実質的に禁止された。しかしながら、米軍や英連邦軍に廃棄処分されたはずの毒ガス剤は、その後も大久野島の周辺住民に不安を与え続けた。大久野島の周辺海域では、海洋投棄した毒ガスの容器などが漁網に引っかかる問題が発生していた。1958年には廃品回収業者が海中から引き揚げたボンベを解体しようとした際に、ボンベの中から青酸ガスが噴き出し、作業員1人が死亡し、30人近くの住民が怪我を負う惨事が起きた（辰巳 1993：126-127）。

1960年に大久野島の所管が大蔵省から厚生省に変更されて国民休暇村に指定され、施設の一部が完成した1963年に一般開放された。しかし、こうした保養観光地化の裏では、1962年に休暇村の工事現場で掘り出した鉛管に触れた住民が毒ガスによる中毒症状を起こす事故が起こっていた[7]。1969年には地元住民の調査によって、島内の防空壕から「あか筒」と呼ばれたくしゃみ性・嘔吐性ガスの残留が見つかった[8]。さらに1972年には、島の北部で海水浴場を造成しているときに腐食した毒ガス容器が表出し、作業員が刺激性ガス中毒症状にかかった[9]。

1995年3月には、環境庁（当時）による大久野島の砒素濃度調査が開始され、翌年7月に結果が公表された。島内39か所の土壌を検査し、そのうち13か所で環境基準を上回る砒素が確認された。北部にある砲台跡の土壌からは基準値の470倍に相当する1リットル当たり4・7ミリグラムを検出した。また、19か所の井戸と貯水池を調査し、古井戸など4か所で基準を超える砒素が検出され、そのうち2か所では基準の5倍を上回った[10]。こうした汚染を除去するために、環境庁は1997年から約20億円かけて高濃度砒素汚染土壌の掘削・洗浄、撤去工事を開始し、1999年4月に除去工事を完了した。その際に、パンフレット「瀬戸内海国立公園大久野島　環境保全対策」を休暇村等で観光客に配布し、事実上の「安全宣言」を行った。

現在まで、大久野島には砒素を原料とした数多くの「あか筒」が防空壕跡に埋設されたままであり、島内の土壌汚染や近海に廃棄された毒ガスの諸問題は顕在化していないだけで、完全に解決されたわけではない。「安全」だとしつつも完全にリスクが払拭されていないため、休暇村での宿泊利用者の飲料水は島外から給水船で運ばれたものを使用している。

また、中国には日本軍が敗戦時に遺棄した毒ガス弾等の化学兵器が未だに残っている。日本政府の責任で回収・無害化作業が進められ、約6万発の処理が行われたが、依然として発掘されずに埋まっている毒ガス弾等が多くあると見られる[11]。

戦時中に大久野島で製造された毒ガスが現在に至るまで大久野島や中国に環境リスクをもたらすとともに、被毒した人間の身体や健康に被害を及ぼし続けているのである。

3　ライフヒストリー――なぜ語り継ぐのか

家族離散と中国残留邦人の「偶有性」

1944年に中国・瀋陽で生まれた山内は戦争体験者と非体験者の「間（in-between）」にいるよう

な存在であり、山内の戦争体験は家族を通じて構築されたものである。なぜ山内のライフヒストリーに着目するのかといえば、それは山内の戦争体験が現在の取り組み、つまり大久野島の歴史を語り継ぐ活動の動機となっているからである。

1931年の満州事変以降、中国東北部（満州）への移民が国策として推進された。山内の父・信雄は南満州鉄道株式会社の学校教師として働くため、妻の寛枝と生後2ヵ月の長男を連れて1937年10月に中国東北部に渡った。その1年後に祖母に預けられていた長女が叔父に連れられて家族のもとにやってきた。1939年4月に次男がハルビンで生まれた。ハルビンに住んでいた頃は、父の教え子である中国人やロシア人がよく家に遊びにきていた。その後、1944年10月に山内（正之）が瀋陽で生まれた。

1945年8月15日の朝、父は「赤紙」で徴兵されて集合場所に向かったが、午後になって家に戻ってきた。昼頃に「もう家に帰っていい」といわれ、家に帰されたというのである。

敗戦時、山内の家族は瀋陽にある社宅に住んでいた。日本政府が海外移住者に対して「現地定着」を決めたため、山内の家族もすぐに日本に戻ることができず、中国に留まっていた。

家族の暮らしは苦しかった。仕事を失った父は、妻と子ども4人を食べさせるため、職を探して懸命に働いた。ソ連兵から木材運搬作業の仕事が入り、報酬としてパンなどを家に持ち帰ることもあったが、深刻な食糧不足は依然として続いた。1歳を過ぎた山内は栄養失調で痩せ衰え、立ち上がることもできず、じっと寝ているばかりであった。

こうした極限状態の中で、父の教え子の中国人が食べ物や衣類を分けてくれるなどして、生活を助けてくれた。ソ連兵が略奪に押し入ったときには、中国人が家に来てかばってくれたおかげで、山内の家族は悲惨な目に遭わずにすんだ。

山内の家族は早い時期に引き揚げ船に乗船できることになっていた。ところが、引き揚げ予定日の前に母が高熱を出して倒れ、重病人になってしまった。医者からは母の病状では引き揚げは無理だと告げられた。母は子どもたちを連れて先に帰るよう父に言ったが、父は母を一人で置いていくことはできなかった。家族は予定していた引き揚げ船には乗らず、日本への引き揚げを見送った。

家族が引き揚げるには、重病の母が乗れる病院船を待たなくてはならなかった。約1年が経過した1946年10月に、氷川丸という病院船に乗船できることになり、瀋陽に住んでいた家族は引き揚げ船が出港する錦州に移動することになった。その頃、母は歩けるようになるまで病状は回復していたが、生後1歳10か月の赤ん坊をおぶって歩くことはできなかった。母の代わりに11歳の姉が山内をおぶって連れていってくれることになった。引き揚げの支度をしていると、親しい中国人が来て「赤ん坊を連れて帰ると危険だから、預かってあげる。日本に帰って落ち着いたら、連れに来たらいいから」と声をかけてくれた。栄養失調の赤ん坊を連れて、途中で命を落とすことがあっては大変だという親切心だった。けれども、父は家族全員で日本に帰ることを選んだ。こうして家族は空腹や栄養失調に苦しみ耐えながら、やっとの思いで広島県竹原市にある父の実家に帰郷した。山内は母から「正之はよう生きて帰った。死んでいても不思議はなかった」とよく聞かされた。こうした過酷な経験からも、山内の家族は戦争の「サバイバー」であるといえる[12]。

もし、父がそのまま兵隊に取られ、戦場に送られていたら、山内の家族は離散することになり、日本に戻ることができなかったかもしれない。もし親切な中国人がいなかったら、日本に帰ることもできず中国で残留しなくてはならなかったかもしれない。もし引き揚げの途中に栄養失調で餓死していたらと考えると、山内は運がよかっただけかもしれない。

このように家族の境遇やその時の状況による「偶有性」が山内の戦争体験の基底をなしている。偶有性は他でもありえたということであり、それゆえに存在が可能性として他者にも開かれている。だから、この問題は他人事ではないのである。

「事後共犯」への内省

地元の高校を卒業した後、山内は関西学院大学社会学部に入学した。当時は全国の大学でベトナム戦争反対運動や学費値上げ反対運動が展開していた。社会運動に関心があった山内は塩原勉ゼミに入った。山内はベトナム戦争反対の集会やデモに参加して友人と平和について熱く議論したり、ベトナムへの出撃拠点とされた復帰前の沖縄に友人と一緒に旅し、見聞を広めた。こうした学生時代の活動を通して、「戦争は絶対にいけない」という気持ちをより強めた。

大学卒業後、中学校の臨時採用教員を経て、高校の社会科教員になった。1972年には小学校の教員で、同じ竹原市出身の中丸静代と結婚した。静代の父は大久野島の体験者（毒ガス障害者）であり、被毒による健康被害に苦しんでいた[13]。静代は平和教育に熱心に取り組み、大久野島の毒ガス製造や被害者に関する資料集やビデオ、紙芝居をつくり、大久野島の歴史を平和学習に取り入れていた（山内 2007）。１９９６年には大久野島毒ガス資料館初代館長・村上初一ら体験者と有志とともに「毒ガス島歴史研究所」を設立した。

同年に大久野島で毒ガス問題のシンポジウムが開催された。登壇者である黒竜江省社会科学院の歩《ブー》平《ピン》先生が、日本軍が中国で毒ガス弾等を使用し、多くの中国人を殺傷したこと、証拠隠滅のために遺棄した毒ガス弾等によって、今でも中国で被害者が出ていることを報告した（歩 1995）。小学校入学前から、山内は「戦争中、大久野島では毒ガスを製造していた。しかし、戦争では使わなかった。大久野島で製造した毒ガスで外国人は殺傷していない」と誰からともなく聞いており、それを信じていたが、実際は中国で毒ガス弾等が使用され、多くの犠牲者を出していたことに言葉を失った。さらに、戦争が終わって50年以上が経過した今（当時）でも、大久野島で製造した毒ガスが中国で被害者を出していることに驚愕した。こうした誤った情報や知識をもとに子どもたちに戦争の歴史を教えていたことを山内は猛反省し、それと同時に人から聞いた情報を鵜呑みにするのではなく、自分で調査研究する必要性を痛感した。大久野島の加害的側面を見逃した「事後共犯」から、山内は「内省のプロセス」を踏むことになるのである。

翌年7月には、中国遺棄毒ガス被害を検証するツアーに参加し、ハルビンとチチハルで毒ガス被害者と会って被害状況を聞く機会を得た。また、ハルビンの現地ガイドからは今（当時）でも日本へ帰りたくても帰れない中国残留邦人がたくさんいることを聞いた。このとき山内は家族の引き揚げ時の苦労が蘇るとともに、自分も同じ運命をたどっていたかもしれないと思った。中国残留邦人は現在に続く戦争被害者である。長きにわたり帰国がかなわずにいる中国残留邦人と自分を重ね合わせることで、他人事とは思えない複雑な感情が沸き上がった。「現場」という過去と現在が交錯する空間で戦争の歴史と「連累」したのである。

4　フィールドワーク——どのように語り継ぐのか

自らの「言葉」と「声」で語りかける歴史

戦争遺跡でのフィールドワーク（平和学習）は全国的に実施されていることである。山内のフィールドワークが他の戦争遺跡案内や平和学習と違うところは、被害とともに加害の視点から戦争の悲惨さを語ることである。

大久野島での加害の歴史を語る取り組みは、数少ない一部の体験者によってこれまで行われてきた。当然、毒ガス障害者団体や体験者の中には、一部の体験者が加害を語ることに対して批判的に見る人もいた。しかし、一部の体験者は被害者意識にとらわれず、毒ガス製造に従事したという責任を自らに課し、毒ガス製造と毒ガス兵器使用の加害的側面を語ってきた（村上 1992, 1998）。２０２２年12月に他界した藤本安馬氏は養成工として毒ガス製造に従事した自身のことを「犯罪者」といい、「被害ということは、加害者がいるということです。ですから、被害を考えるということは、加害を合わせて考えないと、解決の目途は立たない」[14]と力強い口調で語っていた。

大久野島の毒ガス障害者は平均年齢が93・2歳（2022年10月時点、838人）であることからも、体験者による証言活動は厳しい状況に差し掛かっている[15]。本節では、体験者の意志を受け継ぐ山内が、現在・後続世代の非体験者に大久野島の歴史をどのように語り継ごうとしているのかということを、フィールドワークの内容から読み解いていく。

1997年から現在まで、山内は大久野島でのフィールドワークを続けている。山内には年間を通して広島県内外の学校や大学、社会人グループから数多くの依頼がある。事前に学校や団体が大久野島でどのような平和学習を実施したいのかを聞き、当日の学習内容やコースについて打ち合わせをする。あくまでも山内のフィールドワークは平和学習のサポートであるので、旅行会社等から依頼される観光ガイドは受け付けていない。

公害学習や平和学習に取り組んでいる全国の資料館の中には「語り部」や「語り継ぎ部」の講話が聞けるプログラムが用意されているところがあるが、山内は「語り部」「語り継ぎ部」の呼び名に違和感があり、その役割について次のような考えを持っている。

> 「部」とは昔の語りを職業とする人たちの呼び方であり、適切ではないように思います。［中略］広島で今、被爆者の被爆体験を本人に代わって語る、「被爆体験の伝承者」というのもありますが、これも、あまり賛成できません。これは本を読んで聞かせる「読み語り」と同じだと思います。その被爆者の体験を本にして、それを聞きたい人に読んであげれば良いと思います。私もガイドを始めた頃、体験者が話せなくなって、その体験者の代わりに、体験者の体験を語ったことが何度かありますが、やりながら、

やはりこれは違うなと思ってやめました。自分自身が学んだこと、自分自身が体験したこと、心から思っていること、願っていることを語らなければ、聞く人に伝わらない。[16]

山内は「語り部」や「語り継ぎ部」の役割は認めつつも、事業や制度の中で決められた定型的な証言を読み聞かせることに対しては懐疑的である。それは一時、自身が村上初一（大久野島毒ガス資料館初代館長）の伝承者をした経験からいえることであった[17]。それ以降、山内はあくまでも「語り継ぎ部」ではなく、大久野島の調査研究の内容や自身の戦争体験を組み込んだ、自らの立場と意思を持った語り継ぎを行っているという。その語り継ぐ方法の一つがフィールドワークである。

山内のフィールドワークの内容を詳しくみていこう。フィールドワークの冒頭で、山内は参加者に向けて「学習中はウサギの写真は撮らんでください」というアナウンスをする。フィールドワーク中も、餌を求めたウサギが寄ってくるので、参加者はついついウサギを目で追ってしまうからである。

山内のフィールドワークは、大久野島毒ガス資料館と島の各所に残る戦争遺跡を3時間かけて巡る、まさに「歩く、見る、聞く、考える」のプログラムである。図1は山内らが作成した「戦争遺跡フィールドワークのコース」であり、このコースの中で山内が毒ガス製造の加害的側面を語るのは、毒ガス資料館と研究室・検査工室の2箇所である。

毒ガス資料館では年表パネルや展示資料をとおして毒ガス製造と使用の歴史に関する基本知識を学習する。とくに加害の視点から語られるのは「毒ガスと戦争」と「中国における遺棄毒ガス問題」という展示である。「毒ガスと戦争」の展示では、山内が毒ガス兵器の使用の根拠となる指示書（大陸

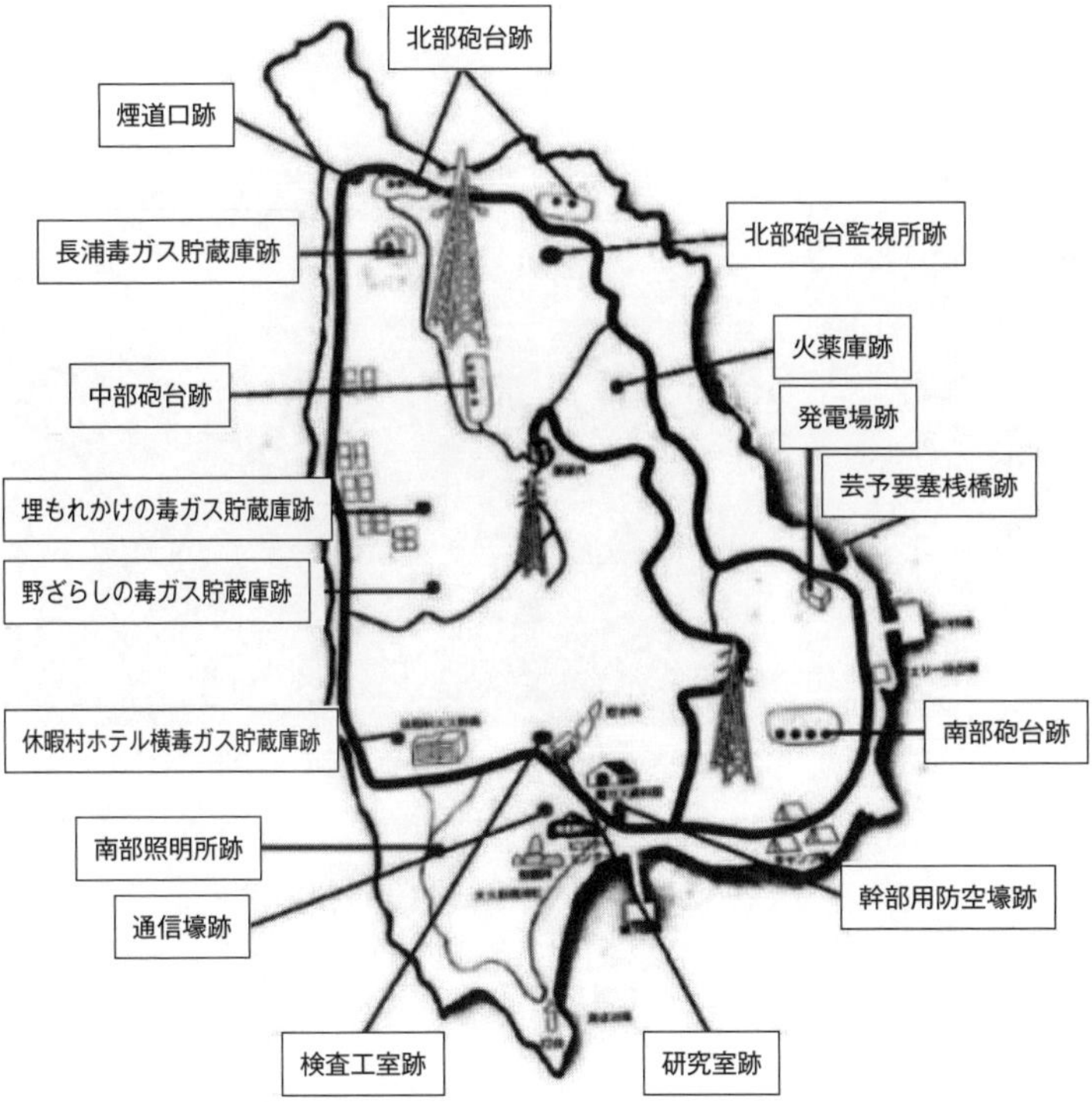

図1　戦争遺跡フィールドワークのコース（資料提供：山内正之氏）

指第百十號、昭和十三年四月十一日）の資料複写物を参加者に見せながら、大久野島で製造された毒ガスが日本陸軍によって中国で使用されていたことを解説する（写真1、図2）。

これには細かく指示がなされているんですよ。使う場所ね、これは山西省が出てくるんです。というのは、日本軍は国際条約に違反したことを承知の上で、最初はこっそりこっそり使っていたわけですよ。これは兵隊たちの毒ガス訓練、訓練を兼ねて使わすことにしたんですけど、最初はこっそりこっそり使うように指示していた。それが使う場所、使う毒ガスの種類、赤筒を使えということですけど、あと使い方も煙と混合して使えということでね。これはね、やっぱり効果があったのと、煙に混ぜておくと、どのあたりまで毒ガスの力が及んでいるのかが、煙と混ぜておくとよくわかるわけですよ。風が逆になって自分たちの方に向かってきたときもよくわかる。煙と混ぜて使うと効果的だという指示をしていたわけです。もう一つは、毒ガスを使ったということが、わから

写真１　毒ガス使用を指示した「大陸指第110号」を説明する山内（2021年８月４日、筆者撮影）

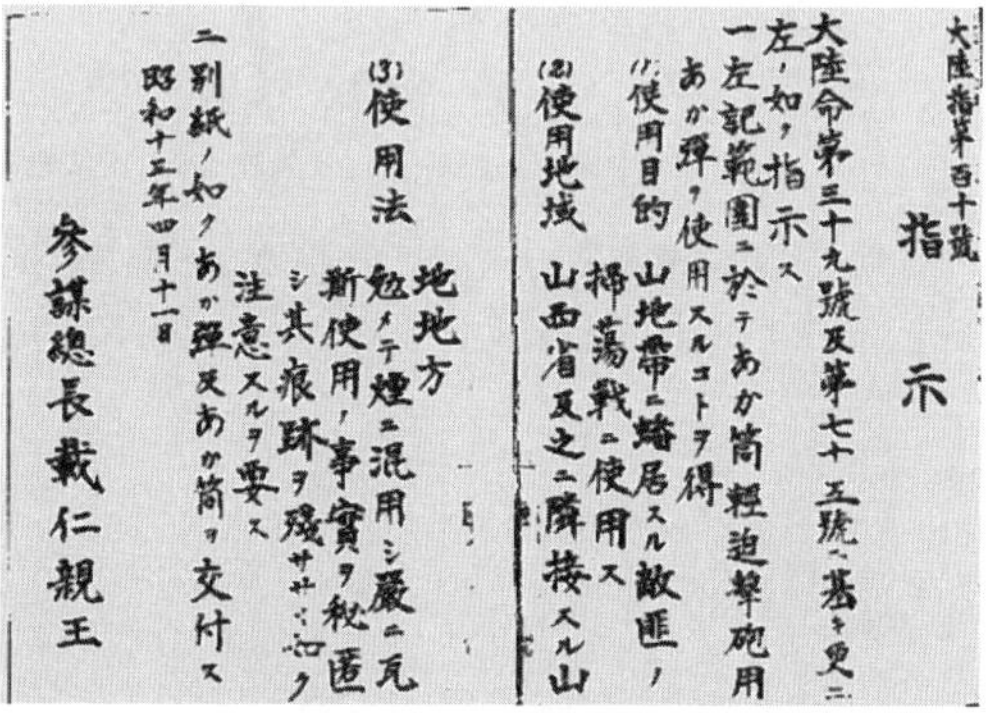

大陸指第百十號

指示

大陸命第三十九號及第七十五號ニ基キ更ニ左ノ如ク指示ス

一 左記範圍ニ於テあか筒輕迫撃砲用あか弾ヲ使用スルコトヲ得

(1) 使用目的　山地帯ニ蟠居スル敵匪ノ掃蕩戦ニ使用ス

(2) 使用地域　山西省及之ニ隣接スル山地地方

(3) 使用法　努メテ煙ニ混用シ嚴ニ瓦斯使用ノ事實ヲ秘匿シ其痕跡ヲ殘ササル如ク注意スルヲ要ス

二 別紙ノ如クあか弾及あか筒ヲ交付ス

昭和十三年四月十一日

參謀總長 載仁親王

図２　「大陸指第110号」（出典：粟屋・吉見編 1989）

ないように使えと書いてあります。さらには証拠を残すなと書いてあるわけです。これがどういうことかというと、国際条約に違反していることを承知の上で、兵隊たちに、わからないように、こっそりと、証拠を残さないように使いなさいという指示なわけだから、これは明らかに軍の上層部は国際条約違反だということを認識した上で、兵隊たちに毒ガス使用を命令していたという決定的な証拠であるという資料なわけですね[18]。

この指示書には毒ガスを使う場所、使う毒ガスの種類、使い方、使用の秘匿が書かれていること、これこそが日本陸軍の毒ガス使用の裏付けであり、国際条約違反の決定的証拠であると解説する。毒ガス資料館では、教科書をなぞるように単に歴史的事実を教えるのではなく、山内の知識や感情を含んだ「言葉」と「声」で歴史を語りかけるところに継承・伝承の意義がある。オラリティ（語り）には、山内が大久野島の毒ガス被害者の体験を聞き取って学んだことや、中国に赴いて中国人被害者から聞き取ったことが反映されているからである。

参加者の実感と交錯するオラリティ

毒ガス資料館で基本知識を学習した後は、島内にある毒ガス貯蔵庫跡や研究室・検査室跡、発電所跡等を見て回る。山内にとって、戦争遺跡は自ら語ることができない「戦争体験者」である。その「無言の体験者」にかわって、大久野島に学びにきた参加者に戦争遺跡の存在や歴史的事実を伝える

写真２　（左）長浦毒ガス貯蔵庫跡の外観　（中）長浦毒ガス貯蔵庫跡の内観
（右）長浦毒ガス貯蔵庫跡を説明する山内（2019年５月11日、筆者撮影）

のが山内の役割でもある。

例えば、島の北西部に位置する長浦毒ガス貯蔵庫跡である。ここが地下貯蔵庫と呼ばれていたように山の間に埋もれるかたちにつくられ、コンクリートの壁や屋根にはカモフラージュで迷彩色が施されていたこと、巨大な貯蔵庫には六つの部屋があり、各部屋に約100トンの毒ガスタンクが置かれていたこと、島内で貯蔵できる3000トンのうち5分の1の毒ガスが貯蔵できる巨大な施設であったことが山内の口から説明される。

写真2のとおり、貯蔵庫跡のコンクリート壁が黒くなっているのは、戦後処理の際に施設の毒性を消すために火炎放射器で焼却されたからである。ここで山内は当時の貯蔵庫やタンクの写真を見せることで、参加者に歴史を想起させると同時に、直接目にしている貯蔵庫跡から戦争の暴力性や破壊性について考えて欲しいと語りかける。

長浦毒ガス貯蔵庫跡では巨大な空間や焼痕を身をもって感じることで、恐ろしい量の毒ガスが大久野島で製造され、貯蔵されていたことを参加者は知ることができる。実際に、参加者が貯蔵庫跡の中に足を踏み入れると、その異様な空間に圧倒され、参加者から声が漏れることがある。山内は参加者の実感《リアリティ》を次のように受け止めている。

すごい貯蔵庫だということがわかるんですよ。声が出るんですよ、みな。ここに毒ガスを貯蔵しとったという実感を感じられるんですよね。しかも、この島で大量の毒ガスをつくっとったんだという実感がね。製造した毒ガスをここに貯めとったわけですからね。[19]

参加者から漏れる声というのは参加者が戦争遺跡に対面したときの実感である。参加者の実感とは「私は毒ガスを作ってた建物を見て、毒ガスはこわく」「発電所がはく力があって少し怖かった」（小学生）、「当時の人々の様子が想像できました」「当時の光景を想像することができました」「当時の日本軍の残酷さやガスの恐怖感、悲惨さを実感することができました」（中学生）と当時の状況や光景を想像し、戦争を肌で感じることである[20]。また、「写真やイラストを用いての説明、臨場感が湧き非常にわかりやすかったです」（中学生）といったように、山内のオラリティ（語り）と参加者の実感が交錯することがある。「現場」での両者の交錯は、学習を促したり、歴史と対峙するきっかけになる[21]。

フィールドワークに参加した高校生の中には、「大久野島にあったたくさんの跡地をみた時、確かにここで毒ガスが作られていたのだと感じ、恐くなりました。私は大久野島に行き、日本の責任について深く考えさせられました。［中略］これは昔のことだから今は関係ないなどと思わずに、今の私達が責任をとっていかなければいけないと感じました」[22]といった戦争遺跡と対面することで得た実感と、現在・後続世代の責任を言葉にする生徒もいる。

その一方で、現在・後続世代の非体験者の中には、戦時下の日本軍の残虐行為や迫害行為を受け止めることができない人や、出来事の途方もなさから日本軍の加害的側面を信じることができない人もいる。当然、山内のフィールドワークにおいてもすべてを参加者に伝えることはできない。こうした無惨な戦争の歴史には表象不可能な部分があり、発話・伝達不可能性や理解不可能性が少なからずつきまとうからである。現在の日本社会のような「正常な世界」との間にある時間的・空間的隔絶が、戦争遺跡が存在する歴史やその意味について考えることをときに妨げるのである。

しかし、こうした「正常な世界」に生きる非体験者とのあいだに断絶があるからといって、歴史への理解を促す努力をしない理由にはならない。山内は「子どもたちの中には本気で聞いてくれる子もいますね。目を見たらわかりますね」[23]と、現在・後続世代の非体験者に希望を託すかのように、フィールドワークを通して参加者が大久野島の歴史に実感が持てるよう、そして戦争と平和について「知る」ということから「考える」ことへと学習がつながるようつとめている。

5 歴史との「連累」

ウサギに癒しを求めた大勢の観光客が訪れるこの島で、山内は大久野島の歴史を現在・後続世代の非体験者に語り継ごうとフィールドワークに取り組んできた。その特徴は、大久野島の毒ガス製造や処理の過程で受けた被害だけでなく、大久野島で製造された毒ガスの使用や遺棄によって与えた加害を語るということであった。

こうした山内のフィールドワークには、「歴史への真摯さ」がある。これは「過去の意味を理解する努力である。歴史のさまざまな声に耳を傾けることは、同時に、過去の出来事の状況をより広範に把握し、矛盾するいくつかの物語の信憑性を判断し、さまざまな形態の証言や証拠の意味を評価し、過去と現在との関係の説明となるパターンを探求しようとするプロセス」(モーリス＝スズキ 2014：316) である。

山内にとって、その契機となったのが1996年に大久野島で開催された毒ガス問題のシンポジウムであった。それまでは毒ガス製造にかかわった日本人被害者を知ろうとするばかりで、中国での毒ガス使用や中国人被害者の存在を見過ごしてきた。こうした加害的側面を見過ごした「事後共犯」の内省のプロセスが、山内が大久野島で継承・伝承に取り組む一つの動機となっていた。それからは教科書や専門家に頼るだけでなく、自らで体験者の証言をまとめ、関連する文献資料を収集することで、多角的な視点から大久野島の歴史に向き合うようになった。

もう一つ活動の原動力になっていたのは存在の偶有性であった。終戦後の混乱で、家族の境遇や社会状況が違っていれば、満蒙開拓団のように家族が離散していたかもしれないし、中国残留邦人となっていたかもしれない。もしかしたら引き揚げのときに命を落としていたかもしれない。こうした、より過酷な状況に置かれた戦争被害者でもありえたという偶有性が山内の平和・反戦の意思をつくりあげてきた。

これらの動機から山内はフィールドワークや講話という方法で大久野島の歴史を現在・後続世代の非体験者に語り継いできた。「現場」という空間において戦争遺跡と対面し、その歴史を聞くことは、現在に歴史を想起させ、歴史と関係する実感を生み出す。それが「連累」の鉤（フック）となり、なかには現在の世代から「責任」という言葉を引き出すこともある。もちろん、責任とは倫理的・法的責任を指すのではなく、過去の不正義を是正する責任である。

山内は参加者に対して「今度はあなたが大久野島の歴史を勉強して、誰かに伝えて欲しい」という気持ちで語りかけている。当然、語り継ぐというのは、語り継ぐ人の知識や経験、価値観が影響する。その意味で体験者の「コピー版」として語るのではなく、大久野島の歴史を語るようになった動機を含めて「私にかかわる歴史」としてつないでいくことが、歴史との「連累」には重要である。歴史と「かかわる」とは、歴史について読んだり見聞きしたりして知識を得るだけでなく、自分との関係の中で考えることであり、現在の、われわれの社会は過去の出来事や歴史と深く結びついていることを確かめることである。

こうした社会的・空間的位置を異にする「現場」で過去の世界や歴史と、いま自分が生きている世界との「連累」を想像させるフィールドワークが受け継がれているのである。

謝辞
本研究にご協力いただいた山内正之氏と静代氏に厚く御礼を申し上げます。

注

[1] 毒ガス島歴史研究所のメンバー以外にも、大久野島での平和学習をサポートする人がいる（2015年10月14日付『中国新聞』参照）。

[2] これは「事後従犯」（モーリス＝スズキ 2014：35）とも言い換えられる。

[3] 2011年の兎年に、大久野島のウサギが新聞、テレビ、ネットで紹介されたことをきっかけに、ウサギと触れ合いたい観光客が多く訪れるようになった。ピーク時は1000匹ほど生息していたが、新型コロナウイルスの影響で観光客が激減し、餌が不足したため、500～600匹（推計）に減少した（2021年3月12日付『中国新聞』参照）。

[4] 2019年5月11日、聞き取り調査。

[5] 日清戦争後、大久野島は日本軍によって軍事的に利用され始めた。1899年に芸予重砲兵隊が設立し、翌年に芸予要塞司令部が設置されるとともに、忠海町側に砲台が築造された。1903年までに大久野島でも島内北部、中部、南部の3箇所に砲台が完成し、島は一挙に要塞島へと変化した。重砲兵隊の設立から1921年の廃止まで、忠海町には約2000人の隊員の兵舎や練兵場が造成され、それまで漁業と農業を生業にしていた町の風景は一変し、財政的に町は潤いだした。

[6] 「ジュネーブ議定書」以前にも、1899年に「毒ガス散布を唯一の目的とする兵器の投射」や「毒を施した兵器を使用すること」を禁止した「毒ガスの禁止に関するハーグ宣言」と「ハーグ陸戦条約」が締結（1907年改正）された。

[7] 1962年11月23日付『読売新聞』を参照した。

[8] 1969年8月26日付『毎日新聞』、1969年8月27日付『毎日新聞』、1969年8月28日付『毎日新聞』を参照した。

[9] 1972年5月21日付『読売新聞』、1972年5月21日付『毎日新聞』を参照した。

[10] 1996年7月11日付『朝日新聞』を参照した。

[11]　内閣府「遺棄化学兵器処理担当室」(http://www.cao.go.jp/acw/index.html) の資料を参照した（最終閲覧2022年3月31日）。
[12]　山内は中国での記憶は全くないが、小学校に入る頃から中国での出来事を母から繰り返し聞くようになり、山内は自身の戦争体験を知るようになった。山内からみれば、父と母は国策宣伝にのせられて満州へ渡った日本人であったが、両親は自分たちが「侵略者」であったという自覚は持っていなかった。ただ、母が「日本は中国の人たちに申し訳ないことをした」と語ったときがあり、その母の吐露が山内にとっては救いであった。
[13]　静代の父は忠海製造所で守衛を務めていた。戦後、少しずつ発症が見られ、慢性気管支炎で咳や痰が酷くなった。1993年に毒ガス障害者の認定を受けた。
[14]　2019年7月5日、聞き取り調査。
[15]　大久野島の毒ガス障害者は広島原爆被爆者より高齢化が進んでいる。毒ガス障害者が受け取る健康管理手帳の所持者は1987年度のピーク時には4772人いたが、2010年度は2753人にまで減少した（2020年10月15日付、2022年10月22日付『中国新聞』参照）。
[16]　2021年3月24日、聞き取り調査。
[17]　村上初一は、東京第二陸軍造兵廠技能者養成所忠海分所の第1期生であり、養成工として鋳物製造の工場で働いていた。戦後、竹原市役所に入所して公害問題などを担当した。1982年に定年退職した後、1988年から大久野島毒ガス資料館の初代館長兼管理人を約8年間務めた。2006年頃に、村上が病気を患い、思うように証言活動ができなくなり自信をなくしていたことから、山内が村上の伝承者を1年ほどやっていた時期があった。しかし、村上の体験をそのまま「伝達」するだけでは、自分の役目として不十分だと思った。それから山内は自分が調査研究してきた歴史や、自分のルーツや中国での経験をまじえた講話やフィールドワークをするようになった。
[18]　2021年8月4日、聞き取り調査。
[19]　2021年10月23日、聞き取り調査。

[20] 公立小学校6年生（愛媛県、2006年、22名）と私立中学校3年生（東京都、2019年、16名）、公立中学校2年生（岡山県、2017年、54名）の中の感想文である。
[21] 山内は定期的に長浦毒ガス貯蔵庫跡の草むしりを行っている。草木が生い茂ると遺跡が埋もれてしまい、戦争遺跡がもつ本来の迫力が伝わらないからである。
[22] 私立高校1年生（東京都、2015年、13名）の中の感想文である。
[23] 2019年5月11日、聞き取り調査。

参考文献

粟屋憲太郎・吉見義明編（1989）『毒ガス戦関係資料 十五年戦争極秘資料集 第18集 補巻2』不二出版
安斎聡子（2016）「他者の記憶を語る――広島市被爆体験伝承者養成事業とその『語り継ぎ』」『青山社会情報研究』8：27-45.
石切山英彰（2003）『日本軍毒ガス作戦の村――中国河北省・北坦村で起こったこと』高文研
武田英子（1987）『地図から消された島――大久野島 毒ガス工場』ドメス出版
辰巳知司（1993）『隠されてきた「ヒロシマ」――毒ガス島からの告発』日本評論社
中国新聞「毒ガスの島」取材班（1996）『毒ガスの島――大久野島悪夢の傷跡』中国新聞社
テッサ・モーリス＝スズキ（2013）『批判的想像力のために――グローバル化時代の日本』平凡社
――、田代泰子訳（2014）『過去は死なない――メディア・記憶・歴史』岩波書店
歩兵、山辺悠喜子・宮崎教四郎監訳（1995）『日本の中国侵略と毒ガス兵器』明石書店
村上初一（1992）『毒ガス島の歴史――大久野島』
――（1998）『毒ガス島と少年――「大久野島」を語り継ぐために』
山内静代（2007）「『おおくのしま』を語り継ぐ」『毒ガス島歴史研究所会報』12：35-36.
山内正之（2020）『大久野島の歴史――三度も戦争に利用され地図から消された島 毒ガス被害・加害の歴史』

大久野島から平和と環境を考える会
吉見義明（2017）『毒ガス戦と日本軍』岩波書店

7章　制度化されたオラリティと〝未開拓のオラリティ〟の可能性

好井裕明

1　はじめに

社会問題をめぐるオラリティには「自然史」とでも呼べる変遷があるように思える。ある問題が生起するとき、そこには問題を生きる当事者や関連する運動に従事する人々が異議申し立てし、さまざまな声をあげ、オラリティは沸騰し、支配的な社会や文化に対抗するように溢れ出す。問題が解決に向かったり、さらに紛糾したりと問題や運動の具体的な変容によっても異なるが、そうした沸騰は永続することはなく、オラリティがもつ熱は徐々に冷めていく。それにともない、社会問題の定義や実相をめぐる語りが「安定化」していくが、同時にそれは決まりきった意味や意義を確認するだけの定番として機能することになり、オラリティがもつ人々への衝撃力は著しく低下していく。その結果、オラリティの「活性化」「再生」が何度も反復して叫ばれることとなる。

他方で問題をめぐる記憶の風化に警鐘が鳴らされ続け、記憶の継承が模索される。その直接的な原因はオラリティの「希少化」だ。問題を生きる当事者が高齢化し「今、ここ」での直接的な語りや声が質量ともに枯渇していく。どのように「希少化」するオラリティを活用できるのだろうか。この過程で問題の意味や意義を後世に伝えるためにオラリティの「歴史化」「制度化」が求められていく。問題をめぐるモノとしての歴史資料の整理と並行し、当事者が語る映像や声を録画し録音し、コトをめぐる記憶を収集していく。「今、ここ」の現象としての語りや声が「作品」として編集され、ある意図のもとにアーカイブ化されていく。映像記録として新たに創造されるが、語っている「今、ここ」で常に創発されてきたオラリティがもつ不可知で無限の創造力が確実に制限され、編集されたオラリティは「定型化」されていく。そして「定型化」されたオラリティは、ある制度のもとで馴らされ整理され、見る人々に一定の標準化された理解や感動を促す新たな資料として、たとえば映像アーカイブに落ち着いていく。

オラリティの「自然史」は、社会問題や社会運動とオラリティ研究にとって重要な課題だろう。ただこれを論じるには、多様な社会問題におけるオラリティの変遷を詳細に調べる必要がある。本章では、その端緒として、被爆問題、被爆の記憶という問題を手がかりとし、オラリティの「制度化」とはどのような現象なのかを考え、「制度化」を超える営みとは何で、そこにどのような可能性があるのかを考えてみたい。

2 「被爆の記憶」をめぐる主張の変遷

「被爆の記憶」の忘却・風化

広島、長崎に原爆が投下され甚大な被害が出た。敗戦後、GHQによる占領下、原爆、被爆をめぐる言説が統制され、自由に語りだすことができない時代が続く。原爆被害の当事者は独自の運動を始めるが、被爆をめぐる情報は限られており、被害者に対する人々の無理解や原爆が投下されたこと自体の忘却が問題となる。その後、第五福竜丸事件を契機として原水爆禁止運動が大きなうねりをみせ、被爆者運動も展開していくことになる。ただ当時の新聞などを調べると、必ずと言っていいほど「被爆の記憶」の忘却や風化が叫ばれ、被爆問題へのより深い理解が求められている。なぜ「被爆の記憶」の忘却や風化が毎年連呼されるのか。かつて私は連呼を支える現実を「啓発の回路」と呼び、その問題性を論じたことがある。

「啓発の回路」とは何か。例証的に説明しておこう。8月6日午前8時15分。歴史として定められた原爆投下時刻にあわせて、毎年平和祈念式典がテレビ中継される。投下の瞬間、全国で黙祷がささげられる。この瞬間を頂点として、毎年8月が近づいてくると新聞などで原爆関連問題の特集記事が組まれ、問題に関連する出来事の記事が掲載される。テレビでも、「社会問題」としてのヒロシマを扱う多様な視点からのドキュメンタリー番組が放送される。私たちはマスメディアで毎年反復される「定番」の動きを感知し、ヒロシマという「社会問題」がまた今年も語られることを確認するのである。たとえば「ドキュメンタリー」という番組の形式をとり、その枠のなかで多様な現実や人々の生き様が語られる。見る側は、そうした枠を承認し、その枠のなかでのみ、目の前に展開する映像の意味を享受し、ヒロシマの記憶を確認していくのである。そして「年中行事」としてのヒロシマ報道が終了するとともに、多くの人々の日常から、その枠のなかで沸騰していたさまざまな意味が冷却され、私たちの日常を脅かさないようなかたちで「社会問題」の一つとして、「あるとき、必要な時に取り出して考えればいい問題」の一つとしてヒロシマの記憶は整理されていくのである。

いわば毎年決まりきった形で反復される、非日常的な「社会問題」としてのヒロシマ、原水爆の表象が展開する回路のことを「啓発の回路」と私は呼んだのだ。「啓発の回路」のなかで、ヒロシマがどのように表象され、語られ、その歴史的な変遷の中で、ヒロシマの何が絶えず確認され、何が忘却され、形が崩れていっているのだろうか。また、「啓発の回路」のそとで、ヒロシマや原水爆、核をめぐる表象やイメージが、被爆体験とどのように結び合わされながら語られているのか。

ヒロシマの記憶が風化されていくことへの危機感が毎年8月6日を頂点として反復され、その日が過ぎれば、そのことも急速に忘れ去られていく。毎年の年中行事のように、その時期になるとヒロシマが注目され、記憶の風化が叫ばれ、時期が過ぎると、何事もなかったかのようにメディアは落ち着きをとりもどす。こうした「定番」の動きの中で、「ヒロシマの心」「ノーモア・ヒロシマ」「ノーモア・ヒバクシャ」など「定番」のヒロシマ理解が私たちの日常に上書きされていく。そしてこの「定番」は、基本的に現在も変わっていないのだ。

「遭うたもんにしかわからん」

「遭うたもんにしかわからん」という言葉がある。最近はあまりみかけなくなっているが、記憶の風化が盛んに「定番」として叫ばれていた頃、よくみかけた言葉だ。そしてこの言葉が被爆問題をめぐる当時のオラリティのありようを象徴していると言えよう。

原爆被害の当事者たちが、自らの体験を他者に向かって語りだし、他者から多様な反応を受ける。この言葉は、そのとき彼らが感じる思いを象徴するものだ。

「あのとき、あそこ」での体験、目の当たりにした情況を他者に伝えようとする。それはいくら言葉を駆使しても、語り尽くせるものではない。こうした語りに非体験者である私たちはどのように耳を傾けるのだろうか。語りと出会う瞬間やその直後は、彼らの語りがもつ圧倒的な力や溢れだす当事者の思いに直面し、私たちはまさに言葉を失い、語りの力や思いに心を動かされ、私たちが安住している「常識的世界」に亀裂が入り、その亀裂からたとえば原水爆、核兵器への怒り、平和への思いが湧きあがってくるだろう。

ただ同時に、耳を傾ける側は、あまりの凄惨さ、悲惨さ、不条理さに驚き、「常識的な世界」が一気に壊されていく危うさを感じ、語りだされる言葉をすべて自らの世界の中へとりこんで吸収してしまうことに抵抗を示し、さまざまな方法を使って、被爆体験の語りから距離をとり、自らの日常的世界にそれ以上侵犯してこないように被爆問題を了解し、理解しようとするのではないだろうか。

沈黙を破って「あの日」を証言する被爆者に対し、「大げさに話しているのではないか」「作り話なのではないか」といった反応が返ってくることも少なくない。だから「原爆を売り物にしているわけではありません」と再び口を閉ざすことになる。一人ひとりの被爆者の声に耳を傾けることもなく、「季節もの」としてマンネリ化した原爆報道を目にして、「また原爆か」とわかったような気になっている。そうした私たちの態度が、被爆者をさらなる沈黙に追いやっているのではないだろうか。（直野 2004：57）

被爆問題研究の第一人者である直野章子は、被爆者を沈黙に追いやる原因として私たちが抱く「また原爆か」「原爆はもうわかっているからこれ以上聞く必要もない」という「わかったような気」という態度をあげている。「大げさに話している」「作り話」という反応を仮に私たちが抱くとして、なぜそのような反応を私たちは「正当化」してしまうのだろうか。語りだされる体験が「大げさ」かどうか「作り話」かどうか、私たちは検証などできはしない。でもなぜそう感じるのか、あるいは感じざるを得ないのか、感じようとしてしまうのだろうか。そこには私たちがこれまで生きてきたなかで蓄積してきた人間存在をめぐる「常識的理解」をいとも軽々と超えてしまうような「悲惨」があり「凄惨」があり「不条理」があるからではないか。「常識」を超えた圧倒的な力を語りから直感し、なんともいえない恐怖に怯え、その怯えをつくりだしている語りを生みだす当事者の存在から距離をなんとしてもとっておきたいという私たちの思いが「あの人たちの体験はあの人たちの世界のできごとであって、自分たちには理解不能だろうし、共感もなかなかできないだろう」という思いの背後で息づいているのではないだろうか。

こうした自分たちの切なる語りや思いにまっすぐ向き合おうとしない姿勢や思いに原爆被害当事者は、何度となく出会ってきたのであり、そこでのどうしようもないやるせない思いが「遭うたもんにしかわからん」といういくら語ってもそれは相手には伝わりきることはないだろうという諦観にも似た言葉として象徴されているのである。

そしてこの象徴的な言葉は、「しょせん、圧倒的な被害を受け、さまざまに差別や抑圧をうけてきた当事者の現実や苦悩について理解できないし、共感などしきれないと考えるあなたたちが、私たちの体験などわかるはずがない」というかたちで、私たちにうけとめられていくとき、それは、原爆被害を受けた当事者の「特権意識」「排他性」を象徴する言葉として意味が与えられてしまうのである。

なぜ私たちは、原爆被害を受けた当事者という存在や彼らの語りに、こうした距離をとってしまうのだろうか。「原爆の絵」を詳細に解読し、それを描いた当事者への聞き取り調査を進めた直野は、さらにこう述べている。

「原爆の絵」は、被爆直後の「地獄絵」の光景を視覚を通して伝えるため、私たちにも「脳裏に焼きつく」という疑似体験を迫る。絵は作者の語りを通して、その惨状に間接的にしか触れていない私でさえ、死臭を嗅いだようなめまいに襲われることがある。

この「追体験」はけっして心地よいものではない。心地悪さから逃げるために、被爆者の証言を「核兵器廃絶と世界恒久平和への願い」という定型化した「ヒロシマの心」として矮小化しがちになるのではないだろうか。被爆者たちが、私たちの想像力を超えたところに佇みながら語っているにもかかわらず、私たちはわかったような気になっている。こうした聴き手の態度が、「どうせわかってもらえない」という諦めを被爆者たちの中にうみ出しているのかもしれない。(直野 2004 : 62. 傍線は好井が引いた。)

直野がいう「追体験」に対する私たちの反応は、確かに「心地よい」ものではないだろう。私も大学の「差別の社会学」で被爆問題を語る時、10フィート運動の貴重な成果である『にんげんをかえせ』を学生に見せることがある。ドキュメンタリーの冒頭、「どうか目をそむけないでください」というメッセージが語られるが、学生の感想に映像の残酷さ、凄惨さに生理的な嫌悪を抱くという趣旨のものが少なからず出てくるのである。しかし、直野も主張しているように、私たちが被爆問題に向かおうとするとき、この「追体験」は必須な過程だと私も考えるし、思わず目をそむけたくなるほどに人間に危害が及び、人間が破壊されてしまう現実をまっすぐ見つめない限り、私たちの思考や感情が「核兵器廃絶と世界恒久平和への願い」という脱色された正義のメッセージを超えていかないのではないだろうか。

さらに直野は別の論考で「遭うたもんにしかわからん」という言葉がもつより深いところにある意味に至ろうとしている。

いかなる手段に訴えたとしても、あのときの体験を表現することなどできない。たとえ表現してみたところで伝わらない…。そのもどかしさや絶望感が多くの被爆者にこう言わせてきた。被爆者と私たちの間に埋めようのない溝が横たわっていることを表現しているのだ。この〝断絶〟の存在を強調することは、既に批判したように、「被爆者」と「その外側にいる者」との境界線を強化し、被爆者のゲットー化や他者化、周縁化を促すことになる。被爆者を「被爆者」の位置に閉じ込めることになるのだ。

しかし「被爆者」という主体位置の境界線が流動することはあっても、やはり、「パット剥ギトッタアトノセカイ」に居合わせてしまった人たちが「被爆者であること」から逃れることはできないのだと思う。その只中にいた本人さえ信じることができない〝地獄〟の意味をいまだ掴みかねている。そして〝地獄〟の記憶から自由になることはできない…。私たちには知りえない〝セカイ〟がある。いや、知るようなことになってはならない〝セカイ〟がある。それを伝えるために「遭うたもんにしか」という言葉は発せられているのではないだろうか。［中略］丸木位里・俊がいうように爆心地を語る者はいない。〈原爆〉に遭ったのは死者だけで、死者だけが〈原爆〉を知っているのかもしれない。（直野 2008：88–89. 傍線は好井が引いた。）

遭うたもんにしかわからん。この言葉は、原爆被害者とその外側にいる人々との「境界線」を強化し、前者を限られた世界、限られた問題を生きる人々として閉じ込めてしまう。ただ、そうであるとしても、なぜ当事者はこの言葉を語るのだろう。そこには、より深い思いが息づいているのではないか。原爆被害を受け生き残っている私たちは原爆を知っているのだろうか。本当に原爆を知っているのは、被爆した瞬間命を奪われていった死者だけではないか。生き残った私たちですら、原爆の意味をわかりきっていないし「〝地獄〟の記憶」から自由になってはいない。原爆という〝セカイ〟は知ってはならないし、知るようなことになってはならないからこそ、まさに原爆に「遭う」て死んでしまった「もん」にしか「わからん」のであるし、私たちは、その〝セカイ〟は二度と知ってはならないのだと。直野は、この言葉の底から湧きあがってくる原爆に対する根源的な怒りを読み取ろうとする。「遭うたもんにしかわからん」という言葉。それは被爆の現実にまっすぐ向き合って理解しようとしない多くの私たちの姿への諦観であり鋭い批判だ。同時にそれは被爆者として生き残った人々が、被爆し即死した人々や「あのとき、あそこ」で救えなかった人々への深い悔恨を象徴する言葉でもある。

そしてこの言葉の意味を背後で支えている前提が、被爆体験の「真正性」であり「絶対性」である。ヒロシマへの無理解を撃ち、「定番」のヒロシマ理解を批判し作り替える力。それは「今、ここ」で生きている被爆者から語りだされる人間的悲惨や反戦、反核の言葉であり、それは唯一無二であり、代替不可能な証言だ。語りだしている被爆者はまだ限られているが、その背後にはまだ語られていない、語ろうとされていない体験が無数に存在している。いわば常に新たな「生きられた被爆体験」を発掘できるという可能性が被爆問題のオラリティを支えていたのだ。

忘却・風化への批判から「被爆の記憶」の継承そして伝承へ

原爆投下後50年が過ぎると、被爆問題は一気に「歴史化」されていく。新聞記事を調べてみると50

周忌ということで「あの日」に亡くなった人々への弔いに一区切りつけようとしたことがわかる。当時のドキュメンタリーでも置き去りにして死なせた弟の遺骨探しを続け見つからないまま一定の区切りをつけようとする男性の語りが描かれている。「私は、思いたいんですよ。終わったと思いたいんですよ。思わなきゃ〜、今まで苦労してきた私の人生、何だったんでしょうねぇ。思いたいんですよ。でなかったら、もう私の人生なんてもう、先見えてるでしょ、それを、ね、そう思わないで死んだとしたら、私はどうなるんでしょうか。私の、この、44年は何だったのでしょうね」（NHKスペシャル「なぜ助けられなかったのか…〜広島・長崎7000人の手記〜」1990年8月2日放送）。被爆直後で得た体験や悔恨、慚愧の思いを「今、ここ」で反芻し反省する時、それらは常に当事者に新たな〝負荷〟を与えていくだろう。そうした〝負荷〟を持ち続けるしんどさに一定区切りをつける公的な儀礼が50周忌なのではないだろうか。そして視点を変えると、それ以降「被爆の記憶」をめぐる主張は、風化や忘却への批判から継承、伝承の模索と変化していくのだ。

そしてこの変化を生みだす重要な基本的事実が、被爆者の高齢化であり、被爆体験をめぐるオラリティの「希少化」なのである。

3 「原爆体験」という協働の営み

そもそも「原爆体験」とはどのようなことを含んでいるのか。先に引用した直野が原爆投下70年に出した著書がある（直野 2015）。直野はここで「被爆の記憶」をめぐる興味深い解釈を出している。「被爆者」というカテゴリーはどのように生成されてきたのか。原爆という問題を了解する「同心円的想像力」とは何で、それはどのような力を行使してきたのか、等々。直野は、被爆問題をめぐる定番の常識的な了解図式をカッコに入れ、それがどのように作られてきたのかを検証しようとする。重要な資料となるのが、これまで多く出されてきた被爆体験をめぐる「原爆手記」である。手記に描かれた内容を丁寧に追い、個別の情緒や思いを象徴する記述を切りだし、解釈を加え、常識的な図式と当事者の個別の思いがいかにずれているのか、またある思いが図式に取り込まれることなく、封じこめられ、なかったことのように扱われていったのかを明らかにする過程は、読んでいてスリリングだ。

本書では、被爆者という主体性を、原爆を体験した者、原爆の傷害作用を受けた者、法によって定められた『被爆者』、原爆による被害を受けた者、原爆死者が逝った後に残された者、原爆による大量死を生き延びた者という観点から、多面的に捉えてきた。被爆者は米国による原爆投下直後に誕生したのではなく、戦後日本における戦争体験の記憶、原爆被害調査、戦争被害者援護制度、核をめぐる国際政治、国内の保革政治、原水爆禁止運動や被爆者運動など、多様な言説の編成のなかで形成され、また変容していったのである。…その結果、私たちが知る被爆者——原爆の悲惨さを語り、核兵器反対と平和を訴える原爆被害者——は、特定の歴史的条件のもとで作られた主体性であることが明らかになった。そのことは、『被爆体験の継承』を考えるうえで示唆に富む。なぜなら、被爆者や原爆体験の境界線は可変であることを教えてくれるからである。（直野 2015：219）

直野は検証作業を終え、こう語っている。原爆体験を原爆被害に遭った者だけの世界に在るものだとすれば、非体験者は、彼らの声を聞き続けない限り、その体験の理解に迫ることもできないし、そもそも理解不能だという実感もわかないだろう。ただこうした了解では、被爆体験者からの直接的な語りが聞けなくなった時、非体験者が原爆体験を理解する途は閉ざされてしまうのだ。直野はこうした了解の仕方に疑義を唱える。

戦後70年にわたる被爆の記憶の形成を検証した結果、「原爆体験」はあきらかに被害者と同伴者のなかで、協働で構築されてきたものだと。とすれば、仮に直接体験を語る人々がすべていなくなるとしても「被爆体験の継承」は可能であり、新たな形をとり得るのではないか。直野は言う。「『被爆体験の継承』とは、被爆者が同伴者とともに築いてきた理念を次代に引き継ぐこと」（同上：221）だと。

同伴者の実践とは何だろうか

被爆体験を継承、伝承するとは、どのような営みだろうか。被爆者が語る体験をできるかぎり正確に理解し、正確に再現することではない。自分が体験もしていないことを、さも体験しているかのように「他人の体験」を語ることなど、被爆体験以外でも難しく、かつ嘘くさいものではないだろうか。

ではどうすればいいのだろうか。被爆者との出会いの中で語られる内容について深い共感が得られれば体験伝承の可能性を見出すことができるのだろうか。伝承する者が被爆者から直接体験を聞くという実践には、共感という領域で起こり得る体験理解より、もっと根本的な何かが起こっているように思えるのだ。それは、共感や理解という言葉で表わされる営みの以前にあるもので、被爆をした人が、具体的な苦悩や不条理を体験するなかで、まさに一人の人間として「生きている」という事実を、被爆者の語りから私たちが感じ取れる瞬間とでもいえる何かである。いわば被爆者の「生」とでもいえる何かを私たちが感じ取った瞬間、自らがもつ情緒や論理を総動員して、その「生」とは何か、「生」がもつ「リアル」とは何かを、私たちは理解し解釈し、新たに創造することではないだろうか。

被爆体験の伝承とは、単なる体験の伝承ではない。それは伝承する者が被爆者の「生」と出会い、「生」を感知し、そのうえで「生」の「リアル」と対峙し、そこから何を理解し解釈できるのかを考え、語りだそうとする伝承者それ自体の「伝承体験」をも含めた語り伝えなのである。

高校生が描く「原爆の絵」という実践

「原爆の絵」を新たに描く高校生の実践があった。被爆者自身の「あのとき、あそこ」の体験語りを高校生が「今、ここ」で出会い感じ解釈し理解し、その理解を被爆者とさらにやりとりし、理解の精度と深度を高めながら、高校生自身が被爆者の「あのとき、あそこ」の体験を自らの想像力、創造力を駆使し、「原爆の絵」として描いていく。

小倉康嗣は、この営みについて優れた分析をしている（小倉 2020）。その分析を読みながら、高校生が体験する被爆者との時間の「濃密さ」に驚嘆してしまう。被爆者の体験語りと真摯に出会った多くの人々は「遭うたもんにしかわからない」と言われる被爆体験の人間的悲惨や不条理さに思い切り心が揺さぶられただろう。ただその振れ幅は、時がたつにつれて、小さくなり、日常という圧倒的な力のもとで「反核・平和」という平板で普遍的なメッセージへ回収されてしまうという〝忘却〟のあやうさがある。

「原爆の絵」という実践は、高校生にそうした忘却を許さないのだ。一般化や普遍化という力に身を任せてしまう前に、いわば自らの独自の体験として「原爆の絵」を創造していくのだ。これは語った当事者の体験を再現するものではないし、高校生が新たに制作した体験の再現でもない。それはまさに被爆者そして被爆体験という語りと高校生の「生」の「共同制作」であり、「今、ここ」で新たに解釈され創造された「あのとき、あそこ」の再現と言えるだろう。

直野の言う同伴者として「被爆の記憶」を新たに創造する、高校生が描く「原爆の絵」という実践は、新たな伝承のかたちとして非常に独創的だ。これまで私は何度か広島平和記念資料館で毎日行われている被爆体験伝承者の語りを聞いているが、そこで高校生が描いた「原爆の絵」が映像資料として使われている。

ただ、こうした実践は、長年真摯に被爆問題や反核平和問題と向き合い、より深い実践は何かと模索されてきた高校での平和教育があったからこそ実現できたものだろう。そこにはこの実践を進める人々の強靭な意志がある。

被爆体験をめぐるオラリティがますます希少化する現在、語り部として被爆者の生の語りを「今、ここ」で出会える機会が確実に減少していっている現在、強靭な意志が貫かれた平和教育実践の、いわば「外」で生きている多くの私たちは、どのようにすれば、自分自身の「今、ここ」で被爆者の「あのとき、あそこ」と出会うことができるのだろうか。

4　制度化されたオラリティへ

2019年春に広島平和記念資料館（原爆資料館）が全面リニューアルされた。それを受けて、NHKスペシャル「〝ヒロシマの声〟が聞こえますか～生まれ変わった原爆資料館～」というドキュメンタリーが放送された（2019年8月6日）。この作品を見て、かつてのドキュメンタリーを思い出した。NHK特集「きみはヒロシマを見たか～広島原爆資料館～」（1982年8月6日放送）だ。原爆資料館の展示を紹介する内容は同じだが、二つを比べ明らかに異なる点がある。それは「ヒロシマを見ろ」という主張と「ヒロシマの声が聞こえますか」という問いかけが象徴する違いだ。

〝静謐〟のなか、微かな〝声〟が聞こえてくる？

私は、実際にこれまで三度新しい資料館をじっくりと見て回った。東館エスカレーターであがると「被爆前の広島」の街並みがあり、運命の「一九四五年八月六日午前八時一五分、原爆炸裂の瞬間」が再現され、真っ暗な通路を歩くと本館の「被爆の実相」に至る。湧き上がるきのこ雲の巨大な写真、御幸橋のたもとに群がる被爆した人々、爆風や高熱で被害を受けた建物や墓石、亡くなった子どもたちが身に着けていた衣服や通学定期、人への被害、高熱火災、大火傷を負い変わり果てた人々の姿、黒い雨、人影だけが焼き付いた石、救護所の惨状、混乱の中の救援・救護活動、放射能による被害、絵筆にこめた魂の叫び、故郷を離れた地で被爆した外国人の姿、惨禍を生き延びた戦災孤児、戦後の貧困のなか崩壊する家族の姿、「原爆の子」像建設の契機となった一人の被爆少女佐々木禎子さんが生きた歴史、禎子さんが折り続けた折り鶴、被爆7年後に発掘され、うずたかく積まれた白骨の写真など、照明がおとされ展示あたりだけが浮かび上がるような薄暗さと静謐のなか「実相」と向き合うのだ。その後東館に戻り、「核兵器の危険性」の展示を見る。原子力の発見と第二次世界大戦、アメリカが原爆開発に着手、原爆実験の成功、日本投下が決まり、模擬爆弾が各地に投下される。投下目標が検討され決定。広島そして長崎へ原爆が投下される。戦後冷戦構造のなか大気内核実験が続く「核の時代」から「核兵器廃絶」へ向けての世界の動き。続いて東館中2階におりると「広島のあゆみ」をみることができる。戦前の広島、戦後下の広島とまちの暮らし、広島の復興、さまざまな支援、そして平和の世界をつくる現在へ。よく考え、よく練られ、よく整理し、効率よく見て回ることができる展示だと素直に思う。

今回のリニューアルには三つの柱があるという。一つは遺品の展示であり、二つめは、原爆の絵の展示であり、三つめが外国人被爆者の遺品や資料の展示だ。これまでも遺品は展示されているし資料館の地下には新たに提供された遺品の展示と遺品にまつわる物語を知ることができる部屋はあった。また原爆の絵についても機会あるごとに地下の部屋で展示があったと思う。それが今回、この二つが常設展示となったのだ。

議論があった原爆投下直後の被爆者の姿を再現したろう人形は撤去された。ろう人形という「フィクション」から遺品という「事実」へ展示が変更されたことに対して、私たちは何をどう考えていけばいいのだろうか。「その人を想像してもらえるように展示する」「残された遺品に思いをたくす」「原爆の遺品には家族の月日の思いがこめられている」「あの日キノコ雲の下にいた一人ひとりに思いをはせてもらうこと」「被爆者の痛みを感じてもらいたい」「遺品に宿る物語を自分のこととして感じてもらうしかない」「遺品や写真に宿る被爆者の魂が語り続けてくれる」。ドキュメンタリーには「想像する」「思いをたくす」「思いをはせる」「痛みを感じる」という言葉が重ねられ、「ヒロシマを忘れないでほしい。魂の叫びが次世代に届くように」というメッセージで終わっている。

被爆直後の状況をろう人形で再現し惨状を視覚的直観的に伝えようとする展示。それは見る側に瞬時に否定的な感情など様々な感情を喚起させるが、喚起された感情を反芻し、じっくりと考え、感情がわく根源の意味を自らの腑に落とす〝余裕〟を見る側に与えないものだろう。見てわかることはいいことかもしれない。だが「見て、わかれ！」という展示は、結局のところ、視覚的な惨状にだけとらわれ平板で、形骸化したヒロシマ理解を促すことになってきたのではないだろうか。

では視覚的なショックは不要なのだろうか。被爆問題を考える場合、こうしたショックは必須だと思う。そして今回、原爆の絵の展示がその役割を果たしている。原爆の絵。それは一人ひとりの記憶の奥に焼き付いて離れない被爆当時の光景を表現したものだ。遺品が原爆で亡くなった人一人ひとりの「物語」を伝える「事実」だとすれば、原爆の絵は、被爆し生き残った人一人ひとりの「記憶」の具現化だろう。さらにいえば、原爆投下直後「あの日」の状況の記録が、数枚の写真しかないとすれば、その「記憶」は、一人ひとりの人間に焼き付けられた「写真」であり、「あの日」を伝える、もう一つの「事実」といえる。原爆の絵は、単に当時の状況を再現した「絵」ではない。そこには、どういう状況であったかが詳細に書き込まれており、絵と説明する文章があいまって、また書きこまれている文字の形や文体に迫力を感じとり、見る側に状況の悲惨さ不条理さなどが感じ取れる資料なのだ。

「語り部活動」と「伝承活動」の〝落差〟を考える

広島平和記念資料館では毎日、被爆体験の伝承活動が行われている。かつては被爆者による直接的な「語り部活動」だったが、被爆者の高齢化が進んでいくなかで「被爆体験」を「伝承」する活動へとシフトしていった。私はこれまで4回ほど聞いた。4回とも異なる人だったが構成はいずれも同じだった。全体として45分間ほどで、まず放射線、高熱、爆風による被害など原子爆弾の基本情報が示される。その後は各自が担当する「被爆者の体験」が紹介され「伝承」される。その後伝承者個人の原爆をめぐる体験語りが挿入され、最後は反原水爆、反戦反核を確認する主張で締めくくられるのだ。明らかに調整されつくられた構成とその流れに沿った語り口だった。伝承者本人のアドリブというかその場で感じ考えた〝即興の語り〟は許されないという印象を受ける。確かに「伝承」から、ある個人がどのような被爆体験をしたのかという事実は理解できる。しかし「語り部活動」でみられたような心の底から揺さぶられる深い感情の動きを覚えることはない。その意味で私が一番〝心が揺さぶられた〟のは、皮肉にも挿入された伝承者自身の体験語りだった。

被爆体験「伝承」に共通したある語りの流れがあった。私は強烈な違和感を覚えたのだ。たとえば被爆直後母親を探し、ようやく見つけ、なんとか治療できる場所まで運ぶが、甲斐なく母親は絶命してしまう。被爆者は「もうこんなひどい爆弾、原子爆弾など作ってはだめだ。戦争をしてはいけない」とそのとき痛切に感じたと伝承者は語る。私はこうした「伝承」を聞いた瞬間、どこか心の片隅でしらけ、「伝承」の語りから思わず距離をとっている自分の姿がいることに気づく。当時、そのような瞬間に本当に〝反原水爆〟〝反戦反核〟を彼らは痛切に意識したのだろうか。こんなひどいことをするアメリカが憎い、絶対戦争には勝つぞ、といった思いが湧いた人はいなかったのだろうか。私は「伝承」を方向づける〝作為〟がどうしても気になるのだ。『はだしのゲン』『黒い雨にうたれて』など中沢啓治の作品には原爆を落としたアメリカを許さないという強い思いが描かれている。この思いは当時中沢だけが抱いていたとは、とても思えない。被爆者運動の展開や国際情勢の変動の中で、憎悪を超えてより普遍的で一般的な反核平和の思想が広島の地に根を生やし育っていることはわかる。だとすれば余計にこうした〝作為〟を続けるのではなく、被爆体験から反戦反核への思想へいたる〝変貌〟こそ、きちんと「伝承」すべきではないのだろうか。

「見て、わかれ!」から遺品の〝声〟を静かに聞き取ろうへ

今回のリニューアルは、いわば「見て、わかれ！」と見る側に性急にヒロシマを理解することを強要していく展示ではなく、「見て、考えて、感じよう」と見る側に時間的精神的な〝余裕〟を与え、遺品や原爆の絵という「事実」が伝える〝物語〟や〝声〟を聞き取りながら、ヒロシマとは被爆した一人ひとりにとっていったいどのような「体験」であったのかを自らの腑に落とすことをめざす展示といえる。

こうした展示の見直しは、単なるリニューアルではない。これまで果たしてきた資料館の役割の根本的な見直しであり、今後持つであろう資料館の新たな意味を創造しようとする営みだ。ただ私は、やはり〝静謐〟と「伝承」で実践される〝作為〟が象徴する硬直した「啓発の回路」が気になるのだ。

ドキュメンタリーでも語られていたが、近い将来、確実にやってくる「被爆者なき時代」への強い危機感が展示見直しの背景に息づいている。二度と自分と同じような体験を人々にしてほしくない、戦争が起きてほしくない、核兵器を廃絶したいという思いから、普通であれば、口に出したくもない体験を語りだす被爆者たち。ドキュメンタリーでは、最初聞く気もなく、背中を向けて寝そべっていた修学旅行の高校生が、彼らの語りに何かを感じ、向き直り、正座し、被爆者にまっすぐに向き合っていく姿を見るという体験が「語り部活動」の原エネルギーであったと被爆者自身印象深く語っていた。被爆者自身の体験語りがもつ「生の迫力」は、おそらくはなにものも代替することはできないだろう。

しかし、彼らも老い、自らの命をまっとうしていくことも確かなのだ。被爆問題がいわば順調に必然として「歴史」化しつつある現在、体験語りがもつ力に頼ることもますます困難になっていく。とすれば、「被爆の記憶」を継承し、私たちの生きてある「現在」に常にヒロシマが溢れ出すために、なにをどうすればいいのだろうか。遺品や原爆の絵という「残された事実」に込められた「思い」や「声」「魂の叫び」にまっすぐ耳を傾けるほかはない。ただこうした「声」や「思い」は、より微かなものであるだろうし体験語りがもつ直截な迫力はないだろう。だからこそ余計に、私たちにヒロシマをめぐる繊細でタフな「想像力」が求められるのではないだろうか。

5 制度化されたオラリティをもっと活用すべきでは

広島平和記念資料館には被爆者の体験語り映像を見ることができるブースがある。それは被爆の実相から原爆開発の歴史、現状という展示コースの〝導線〟からはずれたところに設置されている。そこでは氏名、被爆場所などが整理され〝標準化された〟被爆体験語り映像を10分程度という限られた時間見ることができる。もちろん語り部活動のように被爆者の「生」のオラリティが溢れ出すことはないが、この映像と真摯に向き合うことで私たちは遺品や写真などからは得られない情や理の揺らぎを体験することはできるはずだ。

私はブースが〝導線〟から外れていることを残念に思う。編集されアーカイブとして制度化されているとしても、こうしたオラリティと意識的に出会うことはとても重要だろう。資料館が用意した〝導線〟に従うだけでなく、そこから外れ、ぜひブースに立ち寄ってほしい。一人10分の映像であっても複数の映像を見ることで、確実に被爆問題への感じ方や理解は変容していくはずだ。

“未開拓のオラリティ”を探し読み解くという可能性

制度化されたオラリティにきちんと向き合い、そこから被爆体験とは何かを想像し理解する作業は、オラリティの「希少化」が急速に進んでいる今、大変重要なものだろう。ただもっと他の可能性はないだろうか。私は、被爆者の「あのとき、あそこ」に出会うことができるオラリティが満ちているが、忘れられ、十分な検討や解読がなされていない同伴者の実践がまだまだ多く存在すると考えている。被爆者の平均年齢は80歳半ばを過ぎ、今後も高齢化が進み、彼らの「今、ここ」での語りと出会える機会はますます希少なものとなるだろう。ただ彼らが若い頃の姿や語りの記録が多く存在するし、その記録をもとにした創作もまた多く存在するのだ。被爆ドキュメンタリー、啓発をめざす創作ドラマ、原水爆をテーマとした一般娯楽映画等々。そこには“未開拓のオラリティ”が満ちていると言えよう。

たとえばNHK平和アーカイブスに収集されている被爆ドキュメンタリー群がある。毎年8月6日に合わせて現在も製作されているが、過去の作品は“いま見直す必要がない”のだろうか。決してそのようなことはない。むしろ今だからこそ、過去の作品にどのように被爆者が描かれていたのか、被爆体験はどのように語られていたのか、などオラリティを詳細に読み解く必要がある。作品はそれぞれの時代状況や当時被爆問題や被爆の記憶に要請された主題をもとにして制作されている。もちろん、そのすべては「おもしろく、すばらしい」ものばかりではない。ただそこには今では見られない被爆者の姿があり、聞かれない声や語りが記録されている。〝未開拓のオラリティ〟を詳細に読み解く「被爆問題の社会学」があっていいのではないだろうか。

最後に例証しておきたい。

『耳鳴り』（1965年11月28日放送）

『耳鳴り――ある被爆者の20年』という作品がある。モノクロの画面。抑えられたBGM。特にストーリーに起伏もなく、淡々と流れていくドキュメンタリーである。しかしその静謐のなかに、正田篠枝さんという人間が生きている姿が自然に重厚に描かれており、緊張感がみなぎった映像が続く。劇的な衝撃音のBGMは、冒頭、正田さんの歌を紹介するときの「原子爆弾」という文字のアップのときだけである。

被爆後2年、まだGHQの言論統制下にあり原爆について語れなかった頃、正田篠枝さんは被爆体験を何かに憑かれたように書き、歌集『さんげ』をひそかに出版した。彼女は「人目を忍ぶように、原爆で苦しむ一人一人に配り歩いた」という。それまでは平凡な一主婦であった彼女が被爆を体験し、人生が大きく変わっていく。戦後、様々に苦労を重ねながら、歌を通して「書く」ということから、被爆者の経験したもの、思いを訴え続けていく。しかし、昭和38年秋に原爆症後遺症から乳がんの死の宣告をされる。昭和40年6月15日、54年にわたる生涯を終えるまでの2年間、彼女の姿をドキュメンタリーは追っている。

作品では、正田さんが原稿用紙のます目に丁寧に万年筆で字を埋めていくアップの映像が印象に残る。その姿がドキュメンタリーの中心を占め、幾度となく反復される。背後に金属線でもはじいたようなかすかな、しかししっかりと見る者の心をもはじいていく衝撃音が反復。歌集『さんげ』から、原爆投下直後の惨状を訴える歌が文字の映像とともに語られる。90歳になる老婆から被爆体験語りを聞き、語りあう正田さん。幼い頃からの親友が正田さんの自宅の病室を訪れ、くつろいだ様子で語りあう。乳がんの手術を医者から勧められ、したくない理由をかかりつけの医師に涙を落としながら、丁寧に語る正田さん。原水爆禁止、平和活動を行っていると思われる女性が、米ソの原水爆開発競争の現状を説明し嘆き、今こそ被爆者の活動が大切と啓発する語りに、うなずきながら、自分が動けないことがもうしわけないと語る正田さん。身内の子どもたちが自宅にやってきて、その子らにうれしそうに語りかける姿。こうした人々とのやりとりの映像の狭間に、正田さんが原稿用紙のます目に丁寧に万年筆で字を埋めていくアップの映像が反復されるのである。人々との出会いや語り合いから、正田さんの歌が生まれてくるのだというように。

しかし、こうした人々と出会い、語りあう正田さんの姿は、一様ではない。

老婆の被爆体験の語りにうなずきながら耳を傾ける正田さんの表情。そこには老婆の言葉への共感がにじみ出ており、〝あなたの言われることはようわかりますよ〟という彼女の何ともいえない笑顔が印象的である。老婆から聞いた体験は、正田さんのなかで、歌として昇華されていく。原爆投下直後、人々が自分の命をつないでいくのに精一杯のとき、傷ついた人々へうめぼしを一つずつ配って歩いていたおじいさんがいたこと。そうした修羅の場でなお、人間を助けようとしたひとがいたという体験語り。こうした事実や事実を伝える映像には、「被爆者」＝「広島で原子爆弾の被害を受けた人」というだけの平板で硬直した概念では捉えきれない人間の姿がある。そのことを正田さんと老婆のやりとりは見る側に伝えていく。

また、親友と正田さんのやりとりが印象的である。友人が宮島線沿線の高須あたりでツクシをつんで、正田さんにもってくる。春の生命の息吹としてのツクシ。それをもとに二人は昔の思い出を語り合う。被爆したことに傷つき、被爆したことを多くの人々に対して訴えかける「闘う被爆者」のイメージ。それは確かに被爆者にあてはまるイメージと言えよう。しかし被爆した人は、それだけのイメージで捉えられる生を生きているのではない。正田さんの親友とのくつろいだ語りあいは、硬直した被爆者イメージを確実に崩し、普段の暮らしを生きてきた人間としての正田さんが映像として示される。友人と二人でくつろぎながらも、お互いの体験を確かめあう深い語りである。

対照的なのが後に平和活動家の女性と語り合う正田さんの姿である。原水爆開発競争の現状をあたかも子どもに聞かせるように説明する女性。表情を崩さずときおりうなずきながら聞く正田さんの姿。少しでも多くの人々に原爆の恐ろしさを知らせていくことが「生き残った私たちの使命」と語る女性。目の前には、ガンを宣告され、自宅の病室で調子がよいときに原稿用紙に自らの体験を歌として綴るほかは、活動や集会などに動けない正田さんがいることを知りながら、「動くこと」の意義を語る女性の無神経さが印象的だ。「まぁ、あなたは動けないから、おおいに書いてもらってね」と笑う女性に申し訳なさそうに頭を下げる正田さん。この映像は何を物語るのか。正田さん自身、自らができることを静かに、しかし熱を込めて懸命にやっている。それを「動けないから、おおいに書いてもらって」というかたちでの評価をすることが、生きる意味の次元でいかにずれてしまっているのかを私は感じる。いわゆる型どおりの平和活動、もっといえば政治的なイデオロギーに影響をうけた活動がいかに平板で硬直したものなのかを、この二人のやりとりの映像は、象徴的に現しているといえよう。

現在では、被爆者の体験を聞く意味、被爆した人々の救済が、ヒロシマという問題では十分とはいえないまでもあたりまえのようになっている。しかし被爆後20年たった昭和40年当時、被爆した人の体験や存在がもつ意味を世の中は、まったく認めようとはしていなかったという事実をこのドキュメンタリーは明確に伝えている。

ドキュメンタリーには二度、被爆者に対する世間の距離、無理解、偏見が明確に語られる場面がある。冒頭、原爆資料館で被爆した人のケロイドや黒こげになった遺体の写真や展示を見る人たち。「苦しかったんだよ」「わかんないなぁ、苦しかったんだか」。「あーぁ、背中痛かったんなぁ、どろろじゃ」「どろどろと流れとるでしょ、あれ。やけど、腐ってぇ」。「こんなん見てもなぁ、まだ実感わかへんなぁ」「経験ないと、わかんないな、こんなんなぁ」。資料館を訪れ、展示を見る人たちの映像からもれてくる語りは、被爆という事実に対して、距離を感じ、違和感を表明するものである。ひどい、凄いとは思うが、実感がわかないという。

後半、ナレーションはなかば唐突に語る。「広島の人々は原爆を売り物にしているという非難が聞かれることがある。だが原爆の悲惨さを一度でも正当に値踏みされたことがあっただろうか。（資料館の展示をながめる女性の表情。なんとも驚いた様子）売り物にするどころではない。被爆者であることさえ、ひた隠しに隠している人がどれだけ多いことか。（焼け爛れた死者の映像。驚き、声を上げながら見る修学旅行生たち）この悲惨さが売れるものなら、売りに売って売りまくりたいとさえ正田さんは思う。（死者の写真をながめる人々。「ケロイドって書いてあるねぇ」の声が聞こえる。）」

正田さんという女性が死の宣告を受けてもなお、自宅の病室で、歌を書き綴り、被爆体験を、被爆者の思いを形にし続けた。その事実をドキュメンタリーは過剰な演出もなく、淡々と見る側に突きつけていく。「耳鳴り」という作品。放送されてから半世紀以上過ぎている。しかし、この作品は、「被爆者」とはこのような人たちなのだ、という粗雑で常識的な理解（私は、これを「理解」とはいわないほうがいいと考えている。そうではなく、「問題」として自らの日常生活から、一定した安定した距離を保つための〝決めつけ〟といったほうがいいのかもしれないが）を、反省し、「被爆者」とは誰で、どのような人間であるのかを新たに考え直すために、私たちが「いま、ここ」で何度も見直すべき力をもっている。「広島の主人公は原子爆弾ではない。被爆者自身なのだ」というナレーションが、そのことを明確に語っている。

人間のいちばん嫌いなことは、死ぬことであります。いちばん嫌いなことが必ずあります。必ずあると言い切れる言葉は死ぬことだけにあると思います。いちばん嫌いなことをあんなにたくさんやられてしまい、原爆なんてたまりません。そのうえに、そのためにいちばん嫌いなことがぽつりぽつり後をひいておきては、やりきれません。たまりません。昭和39年8月、正田篠枝（正田さんの遺影）

他にも〝未開拓のオラリティ〟が満ちたドキュメンタリーが多数ある。原爆被害者を一人の人間として、できるだけ〝豊かに〟描こうとする作品もあるし、運動する被爆者というカテゴリーが硬いままで「定番」の被爆者イメージや被爆問題理解を上書きするだけの作品もある。ただそれらはすべて私たちがあたりまえのように抱いてしまっている被爆者や被爆問題の了解のありようを今一度検討しなおすうえで活用できる創造物といえる。被爆した人々からの直接的な生の声や語りが急速に「希少化」していく今後、制度化されたオラリティのより柔軟で充実した活用、そして〝未開拓のオラリティ〟を探し出し読み解く社会学的営みがますます要請されていくのではないだろうか。たとえば広島平和記念資料館で毎日被爆体験伝承者が語り続けているが、同じように当時の被爆問題の状況の解説とともに過去の被爆ドキュメンタリーを見て考える営みが定期的にあっていいのではと思う。

私自身、これまで被爆ドキュメンタリーや原爆をテーマとした一般娯楽映画の解読をしてきているが、今後も続けたいと考えている（好井 2007, 2013a, 2013b, 2013c, 2014, 2016, 2017）。

参考文献

小倉康嗣（2020）「高校生が描く原爆の絵とエンパワーの連鎖――トラウマ的な感情の継承をめぐって」岡原正幸編著『アート・ライフ・社会学――エンパワーするアートベース・リサーチ』晃洋書房
直野章子（2004）『「原爆の絵」と出会う――込められた想いに耳を澄まして』岩波書店
――（2008）「被爆を語る言葉と痛みの共振」『日本学報』第27号：88-89．大阪大学大学院文学研究科日本学研究室
――（2015）『原爆体験と戦後日本――記憶の形成と継承』岩波書店
好井裕明（2007）『ゴジラ・モスラ・原水爆――特撮映画の社会学』せりか書房

――（2013a）『被爆表象のメディア社会学――「被爆の記憶」の伝え方のエスノメソドロジー』平成22～24年度科学研究費補助金（基盤研究（C））研究成果報告書
――（2013b）「被爆を描くドキュメンタリーを解読する――被爆表象の批判的エスノメソドロジーの試み」『社会学論叢』第176号：47–70. 日本大学社会学会
――（2013c）「純愛映画で描かれる被爆者表象を読み解く」『社会学論叢』第177号：19–48. 日本大学社会学会
――（2014）「定型化する力と個別化する力――被爆を描くドキュメンタリーを解読する」『理論と動態』第7号：21–39. 社会理論・動態研究所
――（2016）「被爆問題の新たな啓発の可能性をめぐって――ポスト戦後70年、『被爆の記憶』をいかに継承しうるのか」好井裕明・関礼子編『戦争社会学――理論・大衆社会・表象文化』217–237. 明石書店
――（2017）「『ひろしま』から溢れだす力を見直す――原爆映画の社会学に向けて」『新社会学研究』第2号：67–75. 新曜社

【オラリティを超えて】

8章　もうひとつの世界
――交わりに向かって

飯嶋秀治

1　はじめに

人文社会科学において、オラリティ（声）はリテラシー（文字）と対置され、オラリティ研究にはリテラシー研究からこぼれ落ちる世界を掬いとることが期待されてきた（梶丸 2018）。しかしながら、世界を掬いとろうとしたオラリティ研究も、それとは異なる世界に生きる人びとを考察の外において判断を中止してしまうことがある。手話や点字という独自の世界で生きている人びとのあり方は、こうした研究媒体別の視角を、さらに別の角度から照らし出すことが期待される。本章では、声を声として聴かない人びとや、文字を文字として視ない人びとが各種の災害に直面するとき、そこで何が生じるのか、その後、何がどのように伝えられるのかを振り返ることで、語り継ぐ経験の居場所という主題を考えてゆくことにする。

とはいえ、筆者は現在までのところ、２０１４年から２０２２年にかけ、福岡市近辺に在住の聴覚障害および視覚障害の10名ほどの方に集中的な調査を行い、その他の地域の10名ほどの方たちに会ってきたのみで、筆者自身は手話者でも点字の触読者でもない。後に考察することになるが、本書の主題となる語り継ぐ経験の居場所を考えるには、当事者がいつ、どこに、どのようにして、諸種の災害を体験したのかで、語り継がれる経験は大きく異なるので、本章での研究を一般化するにはまだ拙速である。そこで以下では、先行研究の文献でも補いつつ、災害を三つの場面――戦争災害・就業上の災害・自然災害――に限定して考察を進めることをご了解願いたい。

また端的に聴覚障害および視覚障害と言っても、その程度は多様であり、後に見るように時代により学校教育の形式も内容も異なる。それゆえ、聴覚障害がそのまま手話者と重なる訳ではない[1]し、視覚障害がそのまま点字使用者と重なる訳ではない[2]。だが、本章では語り継ぐ経験の居場所を考察することを目的とするために、こうした諸側面については最小限の注釈で補ってゆくことを了解されたい。

以降は筆者がこの10年ほどで、当時の福岡市在住者を中心に行った調査から、その災害経験の居場所を「聴覚障害／手話者」の世界と「視覚障害／点字触読者」の世界に便宜的に分けてみてゆくことにする[3]。スラッシュの前半は、マジョリティから把握される否定形としての身体機能の把握であり、スラッシュの後半は、コミュニケーション手段から把握される肯定形としての命名であると了解されたい。

2　戦災と障害

私たちが災害ということを、現在生きている人びとから聴こうとするとき、その臨界面にあるのが太平洋戦争下での戦災としての災害であろう。その時、全国の障害児学校では何をどのように経験したのであろうか。

教育学者の清水寛の研究によれば、太平洋戦争前の１９４０年５月当時、全国に障害児学校１２１校（盲学校52校、盲唖学校33校、聾唖学校34校、その他肢体不自由学校１校、知的障害学校１校）が存在した。そこに、Ｂ29作戦が日本の重要航空機工場を狙った高度精密爆撃期（１９４４年11月～１９４５年３月）、京浜・中京・阪神地区を狙った大都市焼夷空襲期（１９４５年３月～６月）、最後に日本の中小都市を夜間に狙った中小都市空襲期（１９４５年６月～８月）の三期に分かれて空爆が行われた。これにより、全国の障害児学校の約４割が空爆による被害を受け、うち６割は全焼・全壊の損害を被った（清水 2018：第１章）。

特に第三期においては、空爆前に疎開や休校の措置をとっており、また夏休みであったために多くの生徒は帰省中で、かつ、在校していた中等部以上の学生たちは避難訓練が徹底され、他の国民学校の戦災と比べると、被害は全体としてきわめて少なかった。ただそれはあくまで比較の結果として了解されることである。当時、現場にいた教員にとって、戦災時の聴覚障害／手話者と視覚障害／点字触読者ではいかに対応が異なっていたかを確認しよう。
1945年7月当時を振り返って宮城県立盲唖学校の教頭は、次のように報告している。

生徒を避難させる時、盲生は言葉やホイッスルで合図してすぐ行動させることができましたが、暗い中でろう生に伝達する方法は言葉も手話も通じないで困りました。体をたたくとか、手を強く引っぱるとか、壕から出すのに一苦労でした。（清水 2018：71）［4］

また三重県立盲唖学校の舎監兼務教員は、空襲警報時の経験を次のように振り返る。

寄宿舎の夜間の訓練は大変であった。盲生は電灯が消えていても平常通りの退避ができたが、聾生の方は昼間と大違いであった。／消灯下では口話はもちろんのこと、手真似も通用しなかった。月の光でもあればまだしも、暗闇ではどうすることもできなかった。特に就寝時の退避にはほとほと手をやいた。ふとんを叩いてひとりひとり起こした。下駄箱で自分の靴を手探りで見つけるのに苦労する。（清水 2018：72）

だがこれらはあくまで両者を比較できた教員たちの認識であって当事者のものではない。では当事者は当時について何をどう経験していたであろうか。
1945年7月夜に始まった空爆を岐阜県盲学校から逃れた中等部の学生は次のように振り返って

いる。

私達の真上で、シャーッという音がしたかと思うと、シュシュシュッという音と一緒に、ドカン、ドカン、ドカンと私達のいるところに焼夷弾が落ちてきたのだ。…お寺は忽ち火に包まれた。私は焼夷弾が落ちた時、一度は伏せたが、すぐ立ち上がった。石油臭い匂いとすべての物が燃えるゴーゴー、パチパチという音と熱風、そして「ギャーッ」という人間の悲鳴、まさに阿鼻叫喚。／…／その時だった。向こうの方で、しきりに何か言い交わす女の声が聞こえた。私が、「おおい、そこにいるのは誰だあ」と叫ぶと、相手も「ここや、早く早く」と叫び返した。私はその女の声の方へ走った。すると、そこに岐阜盲の武藤（今は青木）さんと［弱視の］豊田さんがいた。（清水 2018：27–28）

1930年代前半、現在の福岡市の中心から西に10キロほど離れた篠栗町の造り酒屋の4人兄弟のもとに生まれ、9歳の時に聴覚を失い、途中から福岡市内の聾学校に通っていたAさんは、1945年6月当時11歳になっていた。Aさんは次のように手話で話した。

私は、以前は篠栗［に居たの］ですが、福岡市まで［汽車で］一時間くらい［離れていました］。やはり赤く、爆撃されて赤くなっているのを見ています。／まぁ高射砲を撃っても、サーチライトを照らすだけで。飛行機がサーチライトに照らされて見える。で高射砲を撃ってもB29の高度が高すぎて届かずに迎撃できませんでした。／私の父は戦争の時にB29の攻撃を受けて、私が聞こえなかったので「危ない」と言って。でも私には言っても聞こえない。／編隊が飛んでくるのにB29ともう一つ、一機だけのがある。機銃掃射［用］ですね。グラマンか何かでしょうね。／それ［機銃掃射の弾］が、これくらいの幅［身体から二〜三cm］のところを撃ってきた。弾が熱かったのを覚えていますよ。もし当たっていたら、死んでいましたよね。これぐらいの距離［目前の二〇〜三〇cm］に弾薬が見えました。／撃たれて、で父親が［私の背中に］石を投げて気づかせてくれて、防空壕に逃げ込んだんです。本当にびっくりしました。（飯嶋・太田 2015：252-253）[5]

視覚障害／点字触読者の当事者認識では聴覚が優位になり、そこから不安感が広がっているのが了解されるのに対して、聴覚障害／手話者の当事者認識では視覚が優位になり、視界外から知らないうちに危険が近づいてきていたことに急に気づくことになるのが見て取れる。

けれども、今一度確認すれば、夜間空襲避難の文脈で比較的優等生のように見えた視覚障害／点字触読者や逆に比較的劣等生のように見えた聴覚障害／手話者は、あくまで教員たちの視点に沿った理解であって、当事者の戦災経験ではそうした比較などしようがない。またそこにはそれぞれ当事者と共にいた人たちのことも報告されている。障害にも様々な程度があり、その周囲には様々な人びとがいて、彼らが様々な環境に置かれることで、できることは異なってくるのである。

視者や聴者のような読者にどう理解されるのか、ではなく、それぞれの経験の居場所が具体的にどのような文脈に埋め込まれていたのかを見てゆこう。

3　手話と点字

以下では、筆者が調査を行った福岡市における手話と点字の歴史的文脈を簡単に振り返っておこう[6]。

福岡市における最初の盲唖学校、私立福岡盲唖学校は、1910年、現在の福岡市中央区の福岡高等女学校の敷地内に開校された。九州では長崎、鹿児島、大分、佐賀に続く開校であった。開校当時の職員は4名、在籍生徒数は15名で、うち聾者は10名、盲者は5名でそれぞれ1クラスにまとまっていた。この時、既に学校で手話は用いられていたし、点字も用いられていたと思われる（菅 2017：96, 150）。

1917年、福岡盲唖学校は場所を1㎞程南下させ新校舎へと移転。1924年になると運営の主体は福岡県にうつり、福岡県立福岡盲唖学校と改称されたが、1925年からは聾者には口話法をもって教育にあたることが発表される。こうして手話は学校の公的な場から周辺化されて用いられる言語になっていた。

1931年には聾学校と盲学校とが分離して、前者は福岡県立福岡聾学校と改称され、後者は福岡県立福岡盲学校となり、盲学校の方はさらに1㎞ほど南下させた場所に移転した。こうして両者が隣り合わせにいた環境が失われた。

それぞれの学校には様々な背景からなる学生が来ていた。たとえば１９２０年代後半、現在の福岡市の中心から西に６キロほど離れた志免町の雑貨店の６人姉弟の家に長男として生まれたＢさんの場合、４歳のある日、高熱が出て耳がきこえなくなり、１９３０年代前半に福岡聾学校に入学した。

その当時、学校の周囲はまだ田圃ばかりであり、校内には寄宿舎もあったがＢさんは自宅から電車を乗り継いで通い続けた。当時は１クラス８名ほどで２クラスあり、寄宿舎に住まう学生と通いの学生がいた。Ｂさんは１９４０年代後半に中等部を卒業すると初めての専攻科[7]学生として服飾の仕立てを学び、その後2年ほど自ら服飾で生計を立てていたが、ある日母校から、教員になることを打診され、給料がさがることに煩悶しながらも父からの勧めもあり母校で教員になった。このＢさんが教壇に立った時、福岡市では学校教育の公の場に手話が再登場することになったのであった。

他方、場所が分離された福岡盲学校には、戦後になって義務教育が徹底されると、一つのクラスに年齢の異なる学生たちが同席する、という状態が生じていた。

Ｃさんは１９４０年代前半、現在の福岡市中央区の９人兄弟のもとに生まれ、４歳の頃、銭湯で細菌感染すると、一夜のうちに両眼とも見えなくなったという。Ｃさんが盲学校に入学した当時、１クラスに13～14人いるクラスが二つあり、かつ、「ものすごい歳の差がある」同級生もいて、皆一緒に点字を習っていた。「僕らが入ったときも30近い人がいて、それで点字を覚えるために1年生にいて、すぐ高校生に飛び級した人がいました。」

Ｄさんは１９４０年代後半、福岡市の中心から南に30キロほど離れた久留米市山川町という農村の

3人兄弟のもとに生まれ、11歳時、習字の授業後に、習字用紙を収める筒を覗いたところ、「左の上半分がですね、真っ暗、要するにカーテンを降ろしたようにですね、半分しか見えない」ことに気づいた。Dさんは、しばらく誰にも言えずにいたが、「たまたま食事中にですね、親父が、食材をこう目の前に持ってきて、そしたら〔私が〕まったく見えないでしょ。だから試したんじゃないですか、どうも見えないようだ、とね」。そうして病院にゆき、小学校6年の夏休みに入ってから盲学校に入学した。

もう一人、Eさんは彼らよりやや遅れて1950年代前半に現在の福岡市の中心から西に25キロほど離れた飯塚市の3人兄弟のもとに生まれたが、先天的な弱視で生後70日で白内障の手術をしたものの、すぐに眼圧があがる牛眼になり、左はほぼゼロ、右が弱視という状態で盲学校に入学した。

以上Cさん、Dさん、Eさんの経験を思うと、視覚障害のあり方や、それが生じたときの年齢、周囲にいた家族などが当人とどのような関係にあったかにより、当事者の受け止め方も違い、その経験の居場所も当人の内に秘めたものから、家族や学校での共有の仕方まで、かなり異なってくることが理解されよう。

こうしたそれぞれの脈絡に沿って盲学校での点字との出遭いが訪れる。たとえばDさんは福岡盲学校とは別の柳河盲学校に通っていたが、上述のように6年生からの入学になった（菅 2017：186）。

> 9月から入りました…〔盲学校は福岡市から50キロほど南下した〕柳川です。〔福岡県の〕盲学校はその頃は柳川とそれから福岡と北九州。三つしかなかったです。…だから寄宿舎ですよ。…〔親御さん

から離れて暮らすのは〕私はちょっと不安でしたけど。…小学校で使っていた教科書が盲学校でも点字の教科書ありましたですね。…同じ内容ですね。…〔点字を読むのには〕私〔は〕半年かかりましたですね。触読できるのがですね。書くのはそう時間かからなかったんですけど。入って自分の書いた点字のノートがですね、何かが分かるまでに半年、中学校に入る頃には何とか読めるようになりましたね。

Dさんより4歳下のEさんの時には、1クラス10人前後と、学級人数も漸減し始めていた。

〔勉強は〕とにかく点字がすぐ書けたり読めるようになったもんですから、本を読んだりするのが好きでしたね。点字っていうのは、すぐ覚えられるんですよ。大体、1年生に入って、半年ぐらいで点字の読み書きができるようになります。一番読んだのは何かな、浜田廣介っていうのは知ってますか。童話ですね。それとか、『安寿と厨子王』とかね。…『泣いた赤鬼』とかね。

また戦後教育における手話は1995年まで学校の公用語としては認められ難かったために、半ば私的な領域で用いられ地域性が生じていたのに対し、点字は学校教育の公用文字となっていても習熟にはむろん個人差もあり、仮名遣いの仕方などには時代差や領域差もあった（末森 2017：なかの 2015 など）。

Eさんは点字の習熟の個人差が友人関係に埋め込まれていた経験について語っている。

〔特に仲の良い友人は〕同級生ですかね。まあ、彼とはずっと野球も相撲もやったしですね。彼は結局、高校3年のときに亡くなりましたけど。矢部川の船小屋かな。あそこへ泳ぎに行ってですね、あそこで溺死しまして。彼は弱視でしたけどですね、点字が得意で。私に、『人間の條件』[8]、五味川純平ですか。『人間の條件』を、点訳してくれましたよ。途中で終わりましたけど。やっぱり点字覚えなければ、ですね。うれしかったですよ、点字が。

墨字の読書にも習熟に差が出るように、点字の触読にも習熟の差は出る。ところがその習熟の差が個人の能力の欠落や遅延として現れるか、友情の機会として現れるかは、当事者がどのような人間関係に埋め込まれていたかに拠るのである。

4　就業上の災害と障害

さて、こうした文脈で戦後も1956年になると、「もはや戦後ではない」の合言葉を以て戦後復興が一区切りにされることになった——いわゆる高度経済成長期である。この経済成長期は、オイル・ショックを挟み、1980年代のいわゆるバブル経済期に入るが、バブル経済の崩壊から政府の介入を抑える新自由主義経済への傾向が露見してゆくことになる。

こうした時代の文脈においては既に戦災のような災害に直面することはなかったが、それぞれの当事者は就業上の災害に直面することになる。
１９４７年、学制改革で新たな義務教育制度が施行されると、福岡市以外にも、北九州市、直方市、久留米市のそれぞれに聾学校が設立され、他方で義務教育外の高等部や専攻科も設立された。さきの聴覚障害／手話者のAさんは高等部を最初に卒業し、１９１０年代末に設立・営業を始めた聾唖工芸品製作所の木工部に就業した。数年を経るうちに、勤めていた木工部でも注文が次々と入るようになる。

学校、会社とか、いろいろ［なところに］売っていました。注文があって、作っていました。書面を貰って「わかりました」ということで出荷していたんです。／［箪笥は］福岡の会社が多かったですね。家族から個人的に頼まれて造ることもありました。箪笥、引き戸、盆棚とか、そうした依頼があって造っていました。／こうした［事務］机も作っていましたよ。机、箪笥、脚何本とかね。学校の箪笥とか、机とか、「幾つ？」ということで３００って注文が来ても造っていたこともある。生徒用の机ですね。忙しかった。

木工や縫製をしている聴覚障害／手話者にとって、当時困ったことのうちの一つは、注文や集金で外回りをする際に、運転免許を持てないことから仕事を競合相手に取られてしまうことであった。１９５７年、福岡県立福岡聾学校は、場所を福岡市の郊外、現在の早良区に移すが、同年、福岡県ろうあ協会役員であった田篭《たごもり》勝三さんは全日本ろうあ連盟評議員会で「ろうあ者にも運転免許を!!」と提案する事態にまでなっていった（金丸 2013）。こうして、手話者にも「もはや戦後ではない」状況が迫ってくるなかで、生活を脅かす災害は別のものに置き換わったのである。

こうした時代の変化のなかで、１９４０年代前半、先のEさんと同じく福岡県飯塚市の教員の５人兄弟のもとに生まれ、２歳時の高熱で聴覚を失ったFさんは直方聾学校高等部を卒業し、１９６０年代初頭、「普通の会社」と表現する飯塚市のある洋服店に就職する。障害者の雇用の促進等に関する法律、いわゆる障害者雇用促進法が施行される数か月前のことであった。

裁縫の仕事に就きました。／大きくはないですが、私が働いていた時は30人は働いていました。その中で手話が分かる人はおらず、普段は口話で、身振りとか手話で。10年以上やっていました。／給料は私の場合は、やっぱり、特に聾唖者が作るのは速い。例えば縫うのも速いので、量が多く、高く売れるから、給料が良かったですね。聞こえる人たちは下手で、給料が安いと、やはり問題がありました。

当時、洋服店でFさんより15年ほど前から働いていた店主の方は、Fさんが入社してきた当時を振り返って、当時25人ほど働いていたが、Fさんは高等学校から成績優秀ということで推薦されてきた最初の聴覚障害／手話者であったという。当時、洋服店の主な仕事は紳士物上着の仕立てであり、顧客に生地を選んでもらい、身体の寸法を測り、裁断士に生地を裁断してもらった後が縫製の作業になった。そこから仕立て上げるまでは、休憩なども個々バラバラにとっていたため、聴覚障害／手話者と聴者[9]が一緒に働いていても特段、仕事に不自由はなかったようだ。それどころか、通常は中学校を卒業した後、数年の丁稚奉公をしないと仕事を任せられないのだが、Fさんの場合、専攻科で既に学習済みのため、即戦力であった。そのためFさんをはじめとして、その後、他にも多い時には6～7人の聴覚障害／手話者が働くことになった。

聾唖工芸会に勤めていた聴覚障害／手話者のAさんも、1960年代前半の30歳頃、建材から木工までを扱う福岡市の「普通の会社」に移ることになった。

［社長が私を］「良く知ってる。ちょっと来なさい」と。／まぁ聾の人もその後ぼつぼつ入ってきて、増えていったんです。聾の人で採用されたのは初めて。で、後輩が入ってきてくれたんですね。／［社員には］聴者が多くて、聾が［最高時で］10人。聞こえる人が30人で、あわせて40人くらい。聾の人の中では十分なコミュニケーションは出来ましたよ。聴者とは身振り手振りで。／「［手話を］教えてください」と言われて教えたこともあります。「ダメ」、「イイ」とか、「なるほど」とか、そういう風な簡単な手話を教えましたね。「下手」、「上手」とか、「ぼつぼつ」とか、簡単な手話だけ教えました。／仕事中は［手話は］ダメですね。食事中は、まぁ休み時間とかは手話はOKだけれども。会社の人が来て説明する時なんかは筆談でやっていた。

Fさんもこの会社の社長に会ったことがあるという。

社長には会ったことがあります。すごく優しい人でいろいろ支援してくれました。／…会社の社長が、聾学校の中を造ったことがあって。生徒たちを見て［聴覚障害／手話者の仕事ぶりを］知ってて。聾学校の工芸科に来てくれたんですね。仕事の関係でか。それで、当時、聾学校の工芸科に［生徒たちが］入ってから働いて［実習］いるところを見て、採用と。

そうなると、自らは売れる製品製作の腕を持っていればこそ、上述した田篭勝三さんのように、自営で洋服店を営んでいる場合で、営業や配送などの役割分担ができない場合などは特に、自動車免許証の取得は生命線であった。

こうして田篭さんの提案は、1968年、全日本ろうあ連盟が自動車運転免許運動推進本部を設置後、運転免許取得要請運動を続けてきたことが結実し、1972年、福岡は全国に先駆けて聾者の運転免許が実現した（金丸 2013）。

こうしてみると、聴覚障害／手話者の災害の経験は、高度経済成長下において、一律に課せられた法律（道路交通法）が災害を生み出すことはあったものの、その高度経済成長下に置かれた木工や服飾等の産業では、両者が接近することにもなり、ここでも当事者の周囲との人間関係により、聴者の同業者との間に競合をうみだすこともあれば、協働を生み出すこともあったのが確認されよう。

他方、視覚障害／点字触読者にとっての高度経済成長期は、また別の体験をもたらした。当然そこでは経験そのものも違っていた。

上述したCさんDさんEさんらは、高等部卒業後、あんま・はり・灸などの資格習得のため、専攻科に進学する。彼らが進学した年は、先に見た田篭勝三さんが運転免許の取得のために運動を興していた1957年からその願いがかなった1972年にほぼ重なるが、聴覚障害／手話者の就業上の災害が、高度経済成長下における業界内での競合という文脈にあったのに対して、視覚障害／点字触読者の方では、あんま・はり・灸などの業界内では後に述べる理由でむしろ法律（あん摩マッサージ指圧師、ハリ師、きゅう師等に関する法律）的に守られていたため、そうした競合は生じていなかった。むしろEさんなどは、専攻科修了後、東京に引っ越し、点字図書館[10]にも通う余裕もあった。

［高等部の］上に専攻科っていうのが2年間あった。そこで、今は国家試験だけど、その頃は検定試験だった。はり・灸・マッサージの資格を取って。それから、また東京に修行に行って。…東京は、福岡よりも大都会です。結構いろんな所にも行きましたけど。楽しかったですね。やっぱり一番、毎週のように、休みの時行ったのは、点字図書館でしたね。高田馬場にある日本点字図書館。…そこに毎週のように行って。［福岡にはない本が］ありましたね。その間もずっと一人で小田急線に乗ったり、…国鉄の山の手線に乗ったりして行ってましたね。そういう楽しいところもありました。／［本を読むことは］好きでしたから、たくさん本を借りてきてましたね。本を借りるっていうか、送ってもらうんですけど。点字の本はものすごくかさばるんです。あとは、テープでしたね。その頃は、オープンテープっていって、カセットがない時代でした。それを機械にかけて聞いてました。今は簡単に聞ける時代です。…やっぱり専門のあれ［内容］が多かったですね、はり関係の。

こうしてみると、彼らの経験が、点字のリテラシー（文字）のみならず、その音訳されたオラリティ（声）とともに形成されているのも分かる。ただしこうして彼らの経験の形成に資する点字図書館の収蔵図書の内容は、例えば国立国会図書館と同様の書籍が収蔵されている訳ではなく、その内容は大きく異なっていた。収蔵図書は、視覚障害に関心が高いものが多く収蔵されているためである[11]。

こうしてそれぞれの経路を経た後、CさんやEさんは、その後、自らの治療院を開き、Dさんは盲学校の教員になった。では、職業上の競合がなかったことで順風満帆であったかと言えば、彼らの災害はむしろ日々の視者たちとの界面で生じがちであった。Dさんはその生活上、何度か直面させられた経験について次のように述べる。

［東京では］2年ちょっと、寮におりました。…私が学生のとき借りたのは学生協会を通してだったから、案外いけましたけど、私の後輩は借りるのに困ってましたですね。ガス使うなとかですね。／…東京行ってからですよ、［誘導ブロックが］初めてできたの。それこそ附属盲学校のすぐそばにですね、初めて点々だけのブロックが敷かれました。…便利だなと思いましたですね。［それ以前からも白杖は］使ってました。要するに白杖の先、先で大体道路のですね、様子が分かるんですよ。まあ、主にこう端っこを探ってですね。自分の立ち位置が分かればね、安心して歩けますから。…／…［それでよく一人で出かけるように］なりましたね。よく散歩しました。探索に。…まあ、時々、陸橋の橋脚とかですね、に頭ぶつけることはありましたけど。そんなに頻繁じゃないからですね。…都会のほうがあんまり落ちるところはないんですよね、ぶつかるところはあってもですね。…［地方は落ちるところが］あるんですよ。側溝でしょう。…何か堀があるでしょ。堀にどぼんと落ちたことはないけど、［何かし

ら］落としたことはありますね。／…［ただ困ったのは白杖が］折れることですね。…東京でアルバイトしてたときですね、私、板橋に住んでいたんです、なので、二つばっかしこう［路線を］乗り換えるんですけど、その間に、1週間に3本折れましたね。そのとき、…細い杖でしたけどね。折りたたみ式の。足の間に挟んだり、自転車のあれ［スポーク］に挟んだり。だからもう骨折した杖で不安定に使うから、それは怖かったですね。

こうして、個別に経験されていたことが徐々に集まり、共有され、方策が考えられることで、日常生活の方は、少しずつ克服されていったと言えよう。

他方で彼らが長年、主生業としてきたあんま・はり・灸・マッサージなどの施術業界では、新自由主義的な規制緩和で、業界の条件が変えられつつあった。この問題についてはCさんDさんも、Eさんと異口同音に語っている。

［Cさんが鍼灸マッサージ組合に］入った昭和50［1975～85］年代…それが平成10［1998］年に、職業選択の自由とか職業への規制緩和という［流れで］…晴眼者、普通の人たちに門戸を開いたんです。裁判で負けて。その結果、晴眼者がこの業界にめちゃくちゃ入ってきて。…福岡でも［専門学校が］2校、3校できましたし。ものすごく反対運動しましたけど、裁判で負けて、それ以来［施術者の割合が］逆転したんですね。今はもう7割方、8割方晴眼者。当時は本当ね、視覚障害者が主やったんですよ。7割くらいが視覚障害者だった。みんな目が悪いながらも、やっぱり事務局やったりね。

…／そして、一番今問題になってるのが［あん摩マッサージ指圧師、はり師、きゅう師等に関する法律］19条問題…あ・は・き法というのがあって[12]。そのなかに19条に視覚障害者の職業を守るために、しばらくのあいだ視覚障害者にマッサージ業をさせよという法律があるんです。それを…平成［医療］学園っていう学校が…、職業選択の自由で視覚障害者ばっかりやらせるのおかしいということで、今、国についての訴訟問題が起こってます。だから、これで国が負けるともう僕らは本当、非常に困るような状況ですね。

［Dさんの学生の就職も］狭いこの理療科、按摩・はり・灸の世界で言うとやっぱり、開業とか病院とかそういうところが減ってですね。今は訪問マッサージ、ってのが主流ですね。自宅に伺って、はい。それで、マッサージ訓練をすると。あとはもう自分で治療院を開くとかですね、そういうなかなか難しい時代になってきました。

［Eさんの体感では鍼灸院経営者には視覚障害／点字触読者の比率は］昔はおんなじぐらいだったの、比率としては、目が見える人との。だけど、今は完全に視覚障害者が少なくなる。2対8ぐらい。視覚障害者が2で、目が見える人たちが8ぐらい。事情があるんですけどね。裁判に国が負けて、［学校を］どんどんつくっていいですよ、みたいな形に規制が緩和されたもんですから。その裁判で負けたのが非常に困ります。今も違った裁判が起こされてる。目が見える人たちからですね。…福岡市内に［も専門学校が］大体、四つありますから。前は一つもなかったんですけど。／…［同業者たちとの交流

は」もちろんありますよ。団体をつくってますからね、業界の団体というのを。そういう人たちは学会もやるし、いろんな情報交換をしたりすることもありますよ。［福岡市鍼灸］師会っていうのがある。それがそうです。［視者も］もちろん入ってます。学会があったり、講習会があったり。［商売敵のようにはならない？］いやいや、そういうあれじゃないから。［みんなで守り立てて？］そうですよ。入ってない人のほうが多いけどですね。

この、規制緩和をめぐる裁判は、2022年2月7日、最高裁判決により、平成医療学園側の主張が退けられる判決が出たが、ここでは聴覚障害／手話者と視覚障害／点字触読者とが、就業をめぐって異なったタイミングで、異なった競合と協力をしてきたことが見て取れよう。

5　天災と障害

では自然災害についてはどうであろうか。実際、天災については、現在に至るまで福岡市周辺の在住者でも地震、噴火、渇水、冠水などが生じてきた。特に、2005年3月20日に発生した福岡県西方沖地震の時には、そうした面が露呈した。

前述の洋服店を辞め、福岡市身体障害者福祉協会で定年を迎えたあと、福岡市聴力障害者福祉協会に勤めていたFさんは、次のような体験をした。

日曜日の朝でしたよね。みんな遊びに行ってばらばらだったけれど、私はちょうど、お昼ごろ家にいて、急に揺れて生まれて初めての経験なので何なのかな、と思ったんです。頭の中は問題が交錯して、窓はガクガク揺れて、水はこぼれるし、ドアは倒れ、コップは落ちたりして。／すぐにTVはつけたのだけれど、福岡近辺は赤いマークが出て、慌てて。妻はいないし、息子が離れたところにいたんですけど、［福岡市聴力障害者福祉］協会の事務所はどうなっているか、倒れていないか大丈夫か。1時間くらいで事務所に駆けつけたけれどもエレベーターも使えない。机やパソコンとかは散乱してて。／それぞれの区に連絡を取ったけれど、なかなか連絡が取れなかったですね。すぐには連絡がいかなかったです。／それで、私が家に帰って、息子が帰ってきて、一緒にいた時に、ちょうど福岡市の対策本部があって、そこからの連絡で、聾唖者の怪我はありませんか、とか、状況把握してくださいという依頼があって。でまぁようやく1時間、2時間くらい後、やっと回答があって、九［州］電［力記念］体育館に避難はされていると［いうことが分かりました］。…／でもまだ福岡市内のそれぞれの区に連絡がつかない状態が続いていました。それでやっと壊れた家はないかとか、怪我はないかとか、いろいろな情報が集まってきて、それをまとめてようやく報告できました。1週間くらいはかかりましたかね。聾唖者間の連絡は大変です。

また視覚障害／点字触読者のDさんもこうした自然災害について次のように述べる。

［2005年の福岡県西方沖地震の時は］自宅におりましたですね。午前中でしたからね。［震度］5弱でしたかね、久留米の方ですね。…［2016年の］熊本地震でも5強ですからね。2回目。久留米、揺れましたですよ。特に2回目の分はですね。棚から、はい。棚から落ちましたです、物が。びっくりしました。／…［地震は最初、東京で体験して］びっくりしましたですね。でも震度4か何かあったときにやっぱり、それこそ寮にいたころですけど、寮のフロアが、壁が壊れましたですね。本当びっくりした。鉄筋のあれ［建物］がぐわってゆっくりきしむんですからね。ちょうど外出しようと思って出たときだったから、びっくりしました。状況が分からないからですね、われわれはですね。道路が壊れても。／…［あとは］まあ、一番は、私自身のことも、当然ですけどやっぱり地域とのつながりですね。町内会とのつながりが、ほとんどないですよね。こちらから積極的にいかないといかんのでしょうけど。だから避難訓練なんかもですね、まったく声かからないし。［日常生活］のなかでですね。はい。…／［2018年西日本豪雨では久留米市］城島のほうでそういう、つながりがあったから助かった、っちのがありますね。城島の人、会員でですね。以前からこう付き合いがあったから。はい。水がそこまできとるばい、っちてから一緒に来ました、って。

しかし、このような語りが出てくる半面、こうした自然災害も、各人がそこにいた状況により、かなり受け止め方が違うのである。例えば、福岡県西方沖地震一つを取り上げても、それぞれの方が住んでいる場所やその日いた具体的な場所、また誰といたかによって、被害の経験が違っており、被災の経験はあっても、一時の経験なのでやり過ごすことで終わることも多く、必ずしも次の準備へと集合化されてゆかない面がある。

例えば、１９９０年長崎県雲仙の傍で生まれた視覚障害／点字触読者のＧさん（当時28歳）、Ｈさん（当時5歳）にもお話を伺ったが、Ｇさんは既に盲学校を卒業して福岡市に移住されており、Ｈさんは、ほぼ記憶にないということであった。点字云々以前に、上述のＣさんＤさんＥさんらの世代から比べるとその人口自体が激減した世代にとっては、学校でも複数の学年で一クラスということもあり、経験が分散して集合的な経験の居場所が成立しないのである。

ここには調査地域も関わるのであろう。例えば、先の平成医療学園の裁判でも主に動いていたのは仙台、東京と大阪の団体であり、こうした人口の集住地で署名活動になったという。


こうした日常の災害の経験のなかで視覚障害／点字触読者たちから共通して唯一語られたのが、交通事故の話であった。これは、以上に述べてきた戦争災害、就業上の災害、自然災害にも位置づけられず、当事者にも「災害」という言葉では想起され難かったものの、そこに諸々の力がかかって当事者を追い込んでいるがゆえに、単なる個別の事故とは認めがたい。

２０１８年12月30日の『点字毎日』新聞では「東京・豊島区盲人福祉協会　死亡事故で現場点検『送信機』の周知徹底を」との見出し記事で次のように伝えている。


今月の7日の早朝、東京都豊島区の都道で視覚障害のある男性研究員（64）が車にはねられて死亡した交通事故を受け、地元の豊島区盲人福祉協会（武井悦子会長）は11日朝、事故現場を点検した。同会は横断歩道を安全に歩けるよう、日常生活用具に入る「歩行時間延長信号小型送信機」の周知徹底などを豊島区などに要望していく。／警視庁巣鴨署などによると、現場はJR駒込駅前の片道二車線の道路。横断歩道には音響信号機があり、午前8時から午後7時までは、歩行者の信号が青の間は音が出て知らせる。武井会長らはこの日、白杖を持ち横断歩道を渡るなどして、道路の状況を確認した。また午前8時より前に、送信機を使って信号が青だと伝える音が聞こえるかどうかも確認した。亡くなった男性は送信機は持っていなかったとみられ、武井会長は「送信機をつかっていれば防げたかもしれないので残念だ。視覚障害者が横断歩道を安全に渡るために何が必要か改めて考えたい」と話した。／さらに、事故が起きた同じ時間帯の午前4時半ごろ、会員が現場に出かけ、「交通量は少なく、通行人もほとんどいなかった」と、状況を確かめた。視覚障害者は主に周囲の音や人の動きを頼りに移動する。会員の一人は「男性がどの程度見えていたのかは不明だが、事故当時は周囲の状況が分かる手掛かりは少なかったのでは」と推察した。／同会が区に確認したところ、送信機を持つ人はわずかだった。同会は区に対して周知に加え、送信機が24時間確実に使えるよう警察への要請を求めていくという。ただ、送信機に対応する信号機は一部に限られており、課題は残る。〔13〕

これは筆者も閉眼して白杖で通勤した経験から、記事がよく分かるような経験をしている。それ以前から通っている通勤路でも、困難を感じるのが公共バスを利用する時である。というのも、いつものバス停前で待っていても、交通事情により遅延は発生し、誘導ブロック前で待っていても、その時々の交通事情で停車場所が前後し、行き先を告げる声もくぐもっていて聞こえない、ということは頻繁に生じる。もちろん訊けば応えるということにはなっていても停車場所自体がずれているのであるから、周囲を待たせず、確実に目的地行きのバスに乗るには、通勤時間を避けて乗車するのが確実になる。ところが、そうした時間帯は、早朝や夜になり、バス停の周囲の住民への配慮から、信号機の音がならず、行き先案内もないことになる[14]。この記事を点字で読み、あるいは音訳で聞いた人びとは、こうした身に覚えのある日々の経験から、この記事を我が事のようにして受け止め語るのであろう。こうして彼らは筆者の災害への問いかけに対して異口同音に言うのである。「そう言われてみれば、日常の方が災害かもしれんですね」と。

6　災害と複数の身体《からだ》

以上、戦争災害、就業上の災害、自然災害という諸側面を踏まえて、最後はそのような捉え方からはこぼれ落ちる個別化された日常での災害のあり方を論じてきた。以下では、本書の主題である経験の居場所を考えてみよう。

例えば私たちは、ふだん「私」という言葉は共有していても、具体的な私の現れはそれぞれに異なる。同様に「身体」という言葉は共有していても、具体的な身体の現れはそれぞれに異なる。具体的な文脈に置いた時、私たちが「身体」と呼ぶ物が粗雑な呼称にしかすぎず、実際には不定形でつかみどころのないような存在として立ち現れてくる。そこに予め「標準」や「定型」といったものが存在すると考えられるであろうか。

例えば、化学物質に過敏な身体もあれば過鈍な身体もある[15]。電磁波に過敏な身体もあれば過鈍な身体もある。日光に過敏な身体もあれば過鈍な身体もある。一見、「標準」や「定型」を外れた覚えがない人であっても、それは諸条件の相互作用の相対的に安定した姿でしかなく、思わぬところで自らの身体がそれらの環境に反乱を起こすこともあるのである。そうであるとすれば、身体障害とはいかなる事態を指すのであろうか。

例えば聴覚障害や視覚障害という場合、聴覚の能力が標準や定型から外れ、著しく劣ることを意味しているように思われる。そうした人たちは援助を必要としているため、社会福祉の対象となるのは当然のことであると思われる。

ところが異なった時代、異なった地域で、条件が変わる場合には、身体の障害も必ずしも私たちが想定するような現れ方はしない。アメリカのある地域では、聴覚能力が整わない人びとが多かったが、そこでは各人が手話を話すようになっていたため、障害として立ち現れなかった（泉水 2017：172）し、明治以前において老化と共に失明することは自明のことと受け止められていたためそれが問題化することもなかった（川村 1990）。障害が身体に由来するものというより、むしろ社会環境の方に由来する、と言われる所以である（星加 2007）[16]。

このように「障害」は、予め「標準」や「定型」の身体が存在して、そこからの偏差として自明な存在となる訳ではない。不定形の身体が、環境を構築し、その環境が、私たちの機能としての身体を逆に成型してくる。この積み重ねの結果、環境との相互作用にずれ難い身体には「標準」や「定型」

が存在するように立ち現れ、その環境が「聴覚障害」や「視覚障害」をも創り出す。ここに、身体と環境との関係の障害が、身体障害へと転化する仕組みがあるように思われる。またその条件が異なれば、この関係の障害が精神障害や各種の障害に転化するのであろう。

であるとすれば、あらゆる「障害」は、関係障害と言えよう（Kafer 2013：三好 2018）[17]。身体と環境の両者の間にある条件が整った場合に、障害という立ち現れ方をするのであって、そこに自明な実体がある訳ではない。さらに言えば、本章で具体的に見てきたように、身体が直に環境に対峙するという想定を標準化して、手話における経験の居場所や点字における経験の居場所だけを問うことはできない。その当事者が、どのような状況（時代、場所、一緒にいる人間など）にいるのかで現れる障害のあり方は異なるのである。

なので本章の冒頭でとりあえず着目した聴覚障害や視覚障害の諸側面も、実体化されてはならない。リテラシー（文字）の向こう側にオラリティ（声）があり、声の向こう側にあると思われた手話や点字の世界に着目することで、オラリティ（声）を経験の居場所とした場合に、零れ落ちる世界が見えてくるのも確かである。だがそうした類別をして、経験の居場所自体を同定すること自体に私たちの願いがある訳ではあるまい。むしろ私たちの希望は交わることで私たちのできることが大きく変えられることのなかにある。私たちが本書で経験の居場所のオラリティに着目したのも、その存在に込められた希望を読者と交わらせたかったからであろう。

注

[1] 現在の文部科学省の聴覚障害の定義では、「両耳の聴力レベルがおおむね60デシベル以上のもののうち、補聴器等の使用によっても通常の話声を解することが不可能又は著しく困難な程度のもの」とされる（学校教育法施行令第22条の3）。2011年、厚生労働省による「平成23年生活のしづらさなどに関する調査」では「聴覚・言語障害」人口は32万4000人になるが、2006年、厚生労働省による「平成18年身体障害児・者実態調査結果」では「障害の程度別にみた聴覚障害者のコミュニケーション手段の状況（複数回答）」の手話・手話通訳者回答が6万4000人（18・9％）となっている。

[2] 現在の文部科学省の視覚障害の定義は、「両眼の視力がおおむね0・3未満のもの又は視力以外の視機能障害が高度のもののうち、拡大鏡等の使用によっても通常の文字、図形等の視覚による認識が不可能又は著しく困難な程度のもの」とされる（学校教育法施行令第22条の3）。2011年、厚生労働省による「平成23年生活のしづらさなどに関する調査」では「視覚障害」人口は31万6000人。2006年、厚生労働省による「平成18年身体障害児・者実態調査結果」では「障害程度別にみた点字習得及び点字必要性の状況」の点字ができる回答が4万8000人（12・7％）となっている。

[3] 本章で登場する聴覚障害の当事者も視覚障害の当事者もいずれも男性であるため、より十全な理解に向けて今後の調査も継続してゆく。

[4] 2文字下げの引用個所はそれぞれの原文のまとまりを、／は原文改行を、また…は特に断りがない場合、引用者による中略、［ ］は引用者による補語を意味する。

[5] 以降、筆者の手話者の典拠は（飯嶋・太田 2015）に拠るが、本章の目的に合わせ大幅に再編集している。手話者でない筆者は、この時太田富雄氏に手話通訳をしていただいた。

[6] 福岡県・長崎県における盲唖学校の歴史は（菅 2017）を参照されたい。この節では当時の歴史的表現に沿わせて書く。

[7] 1948年には学制改革で義務教育制度が施行されたことから、福岡市以外にも、北九州市、直方市、久

留米市のそれぞれに聾学校が設立され、他方で義務教育外の高等部や専攻科も設立された（福岡県立直方聾学校編 1963）。

[8] 五味川純平『人間の條件』は、全6部に分かれており、出版社によりやや異なっても3巻本から6巻本になる大作であった。

[9] 本章では著者の地の文では健聴者ではなく、聴者としておく。同様に、晴眼者（表記も一様でなく、戦前は正眼者（野瀬 1937）と書かれていた）ではなく、視者としておく。

[10] 日本点字図書館は、1940年日本盲人図書館として始まり、戦災後再建され、現在に至る。詳しくは日本点字図書館ホームページ（nittento.or.jp）参照。

[11] 上述した日本点字図書館のホームページから検索すると分かるが、例えば「社会学」で検索してヒットする書籍は15件のみで、そこには点字冊子と図書CDの2種類がある。巻数が多いものは図書館の需要が多いものと考えられるが、上位5位の著者は、1位が濱嶋朗ほか編『社会学小辞典　新版』（36点）、M・ウェーバー『世界の大思想3　ウェーバー　政治・社会論集』（12点）、今田高俊・友枝敏雄編『社会学の基礎』（7点）、福祉士養成講座委員会編『社会福祉講座11　新版第二版社会学』（7点）、石川准『アイデンティティ・ゲーム――存在証明の社会学』（6点）といった具合である（2022年5月15日現在）。

[12] 通称あはき法は、1947年「あん摩、はり、きゅう、柔道整復等営業法」として制定され、1964年の法改正で「国は当分の間、視覚障害者以外を対象とする養成施設を認めないことができる」としていた。1970年このうち柔道整復師法が独立。1998年には福岡柔道整復師専門学校が福岡地裁で勝訴した。平成医療学園が起こした裁判はこの本体の法律の違法性を訴えるものであったが、2022年最高裁判決でこの訴えが退けられた。

[13] 一部の数字や記号の表記を変えた。

[14] このようになっている自治体やバス会社の実態については調べがついていない。

[15] ここでも過敏という言葉で一方のみを有標化させないように、通常、無標化するマジョリティ側をここで

は過鈍としておく。

[16] 星加自身の主張は、当事者以外が、ひとはみな障害者であるといった障害を特定しない立場には批判的であることも申し添えておく。

[17] Kafer は個人モデル、社会モデルそれぞれが身体のインペアメントや社会のディスアビリティを自明化することを批判し、むしろそれを争点化する政治／関係性モデルを提案している（Kafer 2013：辰己 2021）。また三好はこうした理論的な意味で用いておらず、生活障害や身体障害と交互作用する障害として呈示している。こうした議論（グローマー 2007：Bolt 2014：Feely 2016）の考察は別に行うことにする。

参考文献

飯嶋秀治・太田富雄（2015）「手話の人々」福岡市史編集委員会編『新修福岡市史 民俗編二 ひとと人々』247–272. 福岡市

梶丸岳（2018）「リテラシーとオラリティを複数化する」『文化人類学』83巻3号：469–480.

金丸桂三（2013）『聞こえない人にも運転免許を』福岡県聴覚障害者協会

川村邦光（1990）『幻視する近代空間――迷信・病気・座敷牢・あるいは歴史の記憶』青弓社

グローマー、ジェラルド（2007）『瞽女《ごぜ》と瞽女唄の研究 研究篇』名古屋大学出版会

清水寛（2018）『太平洋戦争下の全国の障害児学校――被害と翼賛』新日本出版社

末森明夫（2017）「聾史と手話歴史言語学の鯨瞰鮮瞰図」『手話学研究』26巻：1–7.

菅達也（2017）『明治大正期における盲唖学校の支援組織に関する歴史的研究』長崎純心大学

泉水英計（2017）「差別と社会　障害者問題をてがかりに」高城玲ほか編『大学生のための異文化・国際理解』168–180. 丸善出版

辰己一輝（2021）「２０００年代以後の障害学における理論的展開／転回」『共生学ジャーナル』第5号：22–48.

なかのまき（2015）『日本語点字のかなづかいの歴史的研究――日本語文とは漢字かなまじり文のことなのか』

三元社
野瀬元（1937）『増補改訂　盲教育の建設』福岡県福岡盲学校研究会
広瀬浩二郎（2017）『目に見えない世界を歩く——「全盲」のフィールドワーク』平凡社
福岡県立直方聾学校編（1963）『創立十五年記念誌』福岡県立直方聾学校
星加良司（2007）『障害とは何か——ディスアビリティの社会理論に向けて』生活書院
三好春樹（2018［1997］）『関係障害論——老人を縛らないために』雲母書房
Bolt, David (2014) *The Metanarrative of Blindness: A Re-reading of Twentieth-century Anglophe Writing*. University of Michigan Press.
Feely, Michael (2016) Disability Studies After the Ontlogical Turn, *Disability & Society*, 31(7): 863-883.
Kafer, Alison (2013) *Feminist, Queer, Crip*. Indiana University Press.

コラム4

日記のオラリティと継承

宮内泰介

宮城県の北上川河口エリアに、小指《こざし》という漁業集落がある。このあたりは東日本大震災で壊滅的な被害に遭った地域であり、小指集落もそのほとんどの家屋が流された。住民たちは現在、近くの高台に集落ごと移転して、新しい生活を始めている。

その小指集落にのこる、ある女性の日記がある。小指の佐々木家の養子となった八重子という女性が、1949（昭和24）年から2年間、31歳から33歳にかけて、この日記を書いた。一冊のノートに、ほぼ毎日書き綴った。

○十二月九日木曜 晴
今日も船は行つてきた。
とてもしづかな日よりで安心でした。
魚は少しなので相川へいつて、炭を一俵と金七百円代うつて来た。
私達はお嫁さんを見ました。小泊のおばさん達の仲人でした。

はたを織り始めた。婦人会の「海苔」取りをしました。今年は大分とれた様でした。
○十二月十一日土曜　晴
今日も天気が良くてたら取りはいつて来ました。
魚は一本づつわけました。麦《むぎ》ふみをしました。
○十二月十二日日曜　晴
そばひきをしました。のりは今日全部ほしだされた。
私達の組は百十枚とりました。米をついて来ました。五俵つきました。
そばきりをこしらへました。雨おちへ海辺からじやりを運びました。
米つき代二百四十円
○十二月十八日土曜　晴
朝からとても良い天気でした。雪がとけはじめた。四五寸降った。
子供達の着物を裁った。
きなこ、まめごをついた。まめごは夜九時半すぎまでかかつた。

まっすぐで、けれんみのない文章からは、当時の生活がはっきりとした輪郭をもって浮かび上がってくる。

八重子は、1952年、最後の日記を書いてから4日後に、4人目の子どもを産んだ際の出産事故で亡くなった。齢33歳だった。

その60年後、東日本大震災のあとに、八重子のお孫さんに当たる佐藤恵子さん（宮城県岩沼市在住）が、日記をテキスト化してブログに掲載した。自分の母親のふるさとである小指集落が津波で流された現実を前に、何かをしたい、とこの日記に取り組んだのだった（宮内 2019）。さらにそれをもとに、佐藤さんと、この地域に通っていた私たち研究者とが協力して、『八重子の日記』という240ページほどの冊子を製作した。

冊子は反響を呼んだ。私はこれまで「聞き書き」という形で地域の語りを残す作業をたくさん行ってきたが、それらに比べても『八重子の日記』がもつ力は大きいことを実感した。日記なのに、なのか、日記だから、なのか。

日記とは、独り語りである。だから、通常の「語り」について議論される「話し手と聞き手の相互作用」や「相互作用による物語の生成」は、日記にはないはずだ。しかしこの八重子の日記は、たしかに物語性をもっていて、受け継がれる可能性を有している。

なぜ日記がそうした可能性をもつのだろうか。

社会学者の野口裕二は、アルコール依存症の自助グループにおける「語り」の特異性に注目して、おもしろいことを議論している。自助グループでは、それぞれが自分について語り合うのだが、お互いに論評は一切しない。言いっぱなし聞きっぱなしである。そのため、語る人は、他人の評価を求めてではなく、自分のために語るようになる。そして、そのことがかえって語りの共同体を生みだしている、というのだ（野口 2018：97–99）。

日記も似た作用がある、と私は思う。八重子が自分のために淡々と書いていることが、かえって八重子の息づかい、八重子の生活の豊かな全体性を具現している。そしてそのことが、たんなる「個人的な話」の枠を超えて、何かしらの大切なこと、私たちにとっての切実なるものを伝えている。

近年の歴史研究において、日記をはじめとする「エゴ・ドキュメント」が再評価され、そこに新しい歴史の描きかたが期待されているのも、同じ理由によるだろう（長谷川 2020）。日記は、第三者による編集過程を経ておらず、断片化や部分抽出というプロセスも経ていない。ノイズがそのまま含まれ、生のごつごつした全体性を保ったままだ。そうした全体性がテキストとして固定されているために、私たちは何度でもそれと対話できる。その時代、その時代で、開かれた読み方ができる。

語りをどう継承するのか、語りをどう再構築するのか、という現代的な課題について、八重子の日記のようなエゴ・ドキュメントが示す可能性は小さくない。

とは言え、日記の継承には、媒介者の存在が大きいことも付け加えておかなければならないだろう。それを読まれる形で表にする人がいて、日記は初めて語りの共同体を生む。八重子の日記の場合は、震災後にこの日記を誰かに読んでほしいと思った孫の佐藤恵子さんの存在だ。恵子さんは、とくに注釈を加えず、ブログにひたすらこの日記を書き写した。そのことが、語りの共同体を生む産婆役を務めたのである。

参考文献

佐々木八重子（2019）『十三浜小指　八重子の日記（改訂版）』http://hdl.handle.net/2115/64478
野口裕二（2018）『ナラティブと共同性』青土社
長谷川貴彦編（2020）『エゴ・ドキュメントの歴史学』岩波書店
宮内泰介（2019）「『八重子の日記』をめぐる歴史実践」菅豊・北條勝貴編『パブリック・ヒストリー入門――開かれた歴史学への挑戦』224-245. 勉誠出版

あとがき

関　礼子

オラリティは私的でありながら間主観的であり、時として公共的な貌をして立ちあらわれる。運動のなかで異議申し立てするオラリティは、定型的な語り（マスター・ナラティブ）をつくりあげ、その正当性が社会的に承認されれば、制度的な居場所を得る。だが、オラリティは制度化され、安定的な位置づけを持った途端に硬直的なものになりがちである。制度化されたオラリティの周辺では、文脈から外れたオラリティが無視されたり、排除されたりして、所在なくたたずんでいる。

そのような位置づけに抗って、新しいオラリティが首をもたげる。問題の付置が変わることで、すでに構築され、制度化されたオラリティが、変更を迫られる。オラリティの居場所はひとところにとどまることがない。

ダイナミックに変化しつつ多様な貌をもつオラリティの世界を、本書は旅してきた。

はじめに、発話行為の力があった。「負の記憶」を語る体験者の高齢化と世代交代は、「語り」を記録するだけでは足りないものがあることを教えてくれた。記録は「負の記憶」を保存するが、社会は語りを引き継ぐ存在を求めている。そこに、発話行為そのものが持つ「力」を見出すことができる。

次に、オラリティとリテラシーのなかに、言文乖離が見いだされた。負性を帯びた出来事に対して、当事者の現実世界のなかではさまざまな語りが生まれ、コミュニケーションされ、抗う力を獲得しようとする。出来事に対するオラル・プロテストが、社会運動を通じて抗議の声となり、文字に定着されていく。語り部として制度化される以前に当事者の語りは、〈加害－被害〉関係や〈差別－被差別〉関係がある出来事においては、被害者の訴えであった。

だが、当事者のオラリティ全てが文字化され、制度化されるわけではない。外部から期待されるオラル・プロテストの言説が、内部で生成された「空気」に抵触するとき、オラリティは当事者を二分する。「負の記憶」を語る「語り部」として聖性を持つ主体が、内部ではスティグマを持つ者として排除されることがある。反対に、自らが経験したことと「負の記憶」との間に「ズレ」がある場合には、外部から期待されていない（もしくは知られていない）が、個別具体的な文脈において重要な生活のオラリティが排除され、当事者を抗いではなく沈黙へといざなうこともある。語りが文法を持つか、ノイズとして排除されるかは、語りの地域固有の文脈や当事者を取り巻く人間関係、社会関係に拠っている。饒舌と沈黙を分かつのは、その時代、その社会の文脈をどう了解し、自己を位置付けるかという点に負うところが大きい。

そして最後に、オラリティとリテラシーという二分法からみえる世界自体にも、排除と構築の力が働くことも見のがせない。オラリティは声を聞く力（聴力）、リテラシーは文字を読む力（視力）を前提にしており、手話や点字などそこからはみ出していく文化の独自性や多様性に無自覚になりがちである。

こうして本書は、オラリティを起点にして、「今、ここ」にあるオラリティとは異なる経験と記憶の居場所を探るところまでたどり着いた。

私たちは、それぞれのフィールドから、出来事をめぐるオラリティが制度化され、硬直化し、当事者に背を向け始める状況を捉えてきた。再び、その出来事をオルタナティブな当事者のオラリティの世界に引き戻し、常なる現在を含みこんだオラリティへと再構築する必要性と可能性を見いだそうとしてきた。「負の記憶」をめぐる傷みを未来の回転軸にするために、そしてオラリティに実践的な意味を持たせるために、本書が一石を投じることができれば幸いである。

謝辞

本書は、科研費（B）17KT0063「語り継ぐ存在の身体性と関係性の社会学――排除と構築のオラリティ」の成果である。

索　引

人　名

事　項

か行

さ行

た行

ま行

や行

ら行

わ行

高橋若菜（たかはし　わかな）【コラム2】

宇都宮大学国際学部教授。神戸大学博士後期課程修了、博士（政治学）。専門は環境政治学。主要著作に、『原発避難と創発的支援』（編著、本の泉社、2016年）、『越境大気汚染の比較政治学』（単著、千倉書房、2017年）、『奪われたくらし ── 原発被害の検証と共感共苦』（編著、日本経済評論社、2022年）がある。

小松恵（こまつ　めぐみ）【コラム3】

立教大学大学院社会学研究科博士課程後期課程。修士（社会学）。専門はコミュニティ、オーラル・ヒストリー、エスニック・マイノリティ。主要著作に、『多層性とダイナミズム ── 沖縄・石垣島の社会学』（共著、東信堂、2018年）、「高齢期における在日コリアンのアイデンティティと生活経験 ── 川崎市ふれあい館の取り組みから」（『立教大学社会学研究科年報』2018年）がある。

宮内泰介（みやうち　たいすけ）【コラム4】

北海道大学大学院文学研究院教授。東京大学大学院社会学研究科博士課程単位取得退学、博士（社会学）。専門は環境社会学。主要著作に、『開発と生活戦略の民族誌』（単著、新曜社、2011年）、『かつお節と日本人』（共著、岩波書店、2013年）、『歩く、見る、聞く人びとの自然再生』（単著、岩波書店、2017年）がある。

丹野清人（たんの きよと）【5章】

東京都立大学人文科学研究科教授。一橋大学大学院社会学研究科社会問題社会政策専攻博士課程単位取得退学、博士（社会学）。専門は国際労働力移動。主要著作に、『顔の見えない定住化』（共著、名古屋大学出版会、2005年）、『越境する雇用システムと外国人労働者』（単著、東京大学出版会、2007年）、『国籍の境界を考える 増補版』（単著、吉田書店、2020年）がある。

廣本由香（ひろもと ゆか）【6章】

福島大学行政政策学類准教授。立教大学大学院社会学研究科博士後期課程修了、博士（社会学）。専門は環境社会学、地域環境論。主要著作に、『鳥栖のつむぎ ── もうひとつの震災ユートピア』（共編著、新泉社、2014年）、「福島原発事故をめぐる自主避難の〈ゆらぎ〉」（『社会学評論』2016年）、「実践コミュニティの環境創出 ── 沖縄県石垣市一般廃棄物処理施設立地から延命化計画への過程」（『環境社会学研究』2021年）がある。

好井裕明（よしい ひろあき）【7章】

摂南大学現代社会学部特任教授。東京大学大学院社会学研究科博士課程単位取得退学、京都大学博士（文学）。専門は差別の社会学、映画社会学。主要著作に、『批判的エスノメソドロジーの語り』（単著、新曜社、1999年）、『「あたりまえ」を疑う社会学』（単著、光文社、2006年）、『他者を感じる社会学』（単著、ちくまプリマー新書、2020年）がある。

飯嶋秀治（いいじま しゅうじ）【8章】

九州大学人間環境学研究院教授。九州大学大学院人間環境学研究科博士後期課程修了、博士（人間環境学）。専門は共生社会学。主要著作に、『新修福岡市史 民俗編二 ひとと人々』（共著、福岡市、2015年）、『自前の思想 ── 時代と社会に応答するフィールドワーク』（共編、京都大学学術出版会、2020年）、『障害から始まるイノベーション ── ニーズをシーズにとらえ直す障害学入門』（共著、北大路書房、2023年）がある。

渡邊登（わたなべ のぼる）【コラム1】

新潟大学名誉教授。東京都立大学大学院社会科学研究科博士課程単位取得満期退学、社会学専攻。主要著作に、『「核」と対峙する地域社会』（単著、リベルタ出版、2017年）、『大学的新潟ガイド』（共著、昭和堂、2021年）、『再生可能エネギーによる持続可能なコミュニティへの市民の挑戦』（単著、新潟日報事業社、2022年）がある。

編者・執筆者紹介

関礼子（せき れいこ）【編者／序・3章・あとがき】
立教大学社会学部教授。東京都立大学社会科学研究科社会学専攻博士課程単位取得退学、博士（社会学）。専門は環境社会学、地域環境論。主要著作に、『新潟水俣病をめぐる制度・表象・地域』（単著、東信堂、2003年）、『“生きる”時間のパラダイム ── 被災現地から描く原発事故後の世界』（編著、日本評論社、2015年）、『福島原発事故は人びとに何をもたらしたのか ── 不可視化される被害、再生産される加害構造』（共編著、新泉社、2023年）がある。

松村正治（まつむら まさはる）【1章】
中ヶ谷戸オフィス。東京工業大学大学院社会理工学専攻単位取得満期退学。専門は環境社会学、公共社会学。主要著作に、『どうすれば環境保全はうまくいくのか ── 現場から考える「順応的ガバナンス」の進め方』（共著、新泉社、2017年）、「地域の自然とともに生きる社会づくりの当事者研究 ── 都市近郊における里山ガバナンスの平成史」（『環境社会学研究』2018年）、『多層性とダイナミズム ── 沖縄・石垣島の社会学』（共著、東信堂、2018年）がある。

青木聡子（あおき そうこ）【2章】
東北大学大学院文学研究科准教授。東北大学大学院文学研究科博士後期課程修了、博士（文学）。専門は環境社会学、社会運動論。主要著作に、『ドイツにおける原子力施設反対運動の展開 ── 環境志向型社会へのイニシアティヴ』（単著、ミネルヴァ書房、2013年）、『問いからはじめる社会運動論』（共著、有斐閣、2020年）、『地域社会はエネルギーとどう向き合ってきたのか』（共編、新泉社、2023年）がある。

髙﨑優子（たかさき ゆうこ）【4章】
北海道教育大学教育学部講師。北海道大学大学院文学研究科博士後期課程単位取得退学、博士（文学）。専門は環境社会学。主要著作に、『震災と地域再生 ── 石巻市北上町に生きる人びと』（共著、法政大学出版局、2016年）、「環境社会学における東日本大震災への『応答』をめぐる論点」（『環境社会学研究』2021年）、「創造的復興とグリーンインフラ ── 津波被災から10年後の杜づくりの事例から」（『環境社会学研究』2022年）がある。

新曜社

語り継ぐ経験の居場所
排除と構築のオラリティ

初版第1刷発行　2023年11月5日

編　者　関　礼子

発行者　塩浦　暲

発行所　株式会社　新曜社
101-0051　東京都千代田区神田神保町3-9
電話 (03)3264-4973(代)・FAX(03)3239-2958
e-mail：info@shin-yo-sha.co.jp
URL：https://www.shin-yo-sha.co.jp/

印　刷　星野精版印刷

製　本　積信堂

ISBN978-4-7885-1830-8 C1036